馮勝賢的無畏人生管理教練學

看準就撲

從鐵鞋早產兒到中職新人王，從二軍總教練到

CPBL秘書長，讓世界看見台灣的永不放棄之路

目錄

作者序｜棒球有九局限制，人生是無限賽局／馮勝賢……006
推薦序｜我所認識的老邦—馮勝賢／蔡其昌……012
推薦序｜從不可能到驚異傳奇／邱炳坤……015
推薦序｜成功的路上並不擁擠，因為堅持的人不多／張少熙……016
推薦序｜褪下球衣的老邦，第二座山的球星／謝文憲……018
推薦序｜改變際遇、融和人生！／王永福……022
推薦序｜運動即是人生／張育愷……024
推薦序｜職場經歷乃至人生經驗的啟發／陳錦稷……026
推薦序｜棒球比賽九局打完了，但人生還有下半場／呂捷……028
推薦序｜走一條不同的路／曾文誠……031
推薦序｜讀馮勝賢的書，有種既視感／盧建彰……034

第一章 台灣首位職棒出身棒球博士馮勝賢

1-1｜學球只為和媽媽在一起……040
◆教授專欄：Adidas「Impossible is Nothing」……045
1-2｜拚到新人王（連續出賽556場，聯盟第二、兄弟第一）……048
◆教授專欄：危機管理……052
1-3｜背上的一顆觸身球事件……056

◆教授專欄：組織衝突……061
1-4 二軍總教練帶兵總冠軍荊棘路……065
◆教授專欄：轉型領導(transformational leadership)……080
1-5 十年苦讀成首位「職棒出身棒球博士」……082
◆教授專欄：以目標管理來探索個人職涯……090

第二章 職棒二軍總教練的帶兵之道

2-1 教練教的第一堂課：不服輸精神……094
◆教授專欄：關於自律……099
2-2 面對失敗快速「歸零」……102
◆教授專欄：心流體驗……107
2-3 永遠目標「0」失誤，從錯誤中不斷修正……110
◆教授專欄：運動員的生涯規劃……115
2-4 球員最重要的品德教育……118
◆教授專欄：品德教育……123
2-5 正面溝通，爭取球員教練的認同與信任……126
◆教授專欄：決策前的SWOT分析……131
2-6 知己知彼，情蒐是關鍵……134

◆教授專欄：市場資訊蒐集……139
—2-7—大數據時代：從一顆便當到球員狀態……141
◆教授專欄：大數據……143

第三章 CPBL秘書長是領導管理修煉場

—3-1—球員當秘書長會做得好嗎？……148
◆教授專欄：領導與管理……154
—3-2—秘書長領導戰略：明星賽、亞冠賽、冬季聯盟……158
◆教授專欄：行銷的4P……168
—3-3—專業分工的頂尖戰力……171
◆教授專欄：專業分工……177
—3-4—運動科技輔助，創「科學魔法投打營」……179
◆教授專欄：運動科技……184
—3-5—秘書長的全方位溝通橋樑法……187
◆教授專欄：行銷策略組合的第5P……194

第四章 聯盟決策與企業行銷營運結合

—4-1—企業須營利，創造自我價值……198
◆教授專欄：從推到拉(1)創造價值漩渦……206

4-2 最強的行銷策略，創造更多商機……209
◆教授專欄：從推到拉(2) 傳奇教練的煩惱……214
4-3 疫情投出「世界第一球」的決策……217
◆教授專欄：從推到拉(3) 了解才是一切的開始……223
4-4 專業位子就是留給有戰力的人……225
◆教授專欄：從推到拉(4) 創造價值帶來需求……230
4-5 秘秘書長的KPI……233
◆教授專欄：從推到拉(From Push to Pull)……247

第五章 致勝就是全力以赴

5-1 退役後不學習才恐慌……250
◆教授專欄：學習型組織的五項修練……254
5-2 堅持做好一件事……257
◆教授專欄：開放式經營(1) 基石物種與產業生態……264
5-3 每一天都是最後一天……268
◆教授專欄：開放式經營(2) 動態、互補、共創價值、開放的觀念與各方合作……273
5-4 做最好的，自己……277
◆教授專欄：TMDS原則……283

—作者序—

棒球有九局限制，人生是無限賽局

——馮勝賢

「這就是沒有時間限制的比賽最有趣的地方！」By《H2》男主角國見比呂（注1）

感謝主。

大家好，我是老邦馮勝賢，以前大家對我的印象，可能是穿著黃色球服撲下每顆球的前兄弟象選手；可能是穿著Polo衫為早產兒義賣奔波的志工；穿著西裝宣傳中職30週年展的秘書長，亦或是最知名——穿著中華隊球衣漏接的民族罪人。但不管大家記得是哪種身分的我，都感謝你們願意翻閱甚至購買本書，因為有你們和眾多朋友的支持，我才能有另一種身分，戴著眼鏡努力爬出7萬字的作家。

身為一個能有幸參與台灣職棒最高殿堂，並在大家支持下拿過幾次個人獎項的運動員，我的起點並不算高，很多人應該都知道我一路過來從穿鐵鞋的早產兒到漏接的國手再到聯盟的新人王的過程，退役後到這本書出版之間的故事，在這部分內容書中也都已經有了較詳細的描述，加上我也假設閱讀到這邊的各位願意賞臉把我的書看完，因此我想來談談我的下一步——「運動員退輔會平台」。

起點不高，造就我不服輸的競爭精神。作為早產兒，我學會了面對生命中的困難和逆境。這種堅韌精神和對生存的渴望驅使著我積極參與體育活動，並追求卓越。然而，當我感受到職業生涯進入尾聲時，我開始思考關於自己的未來。

機緣巧合及各位朋友的幫忙下，老邦有幸走入一條從運動員到聯盟秘書長的驚奇之旅，讓我的職涯不侷限於運動生涯，在退役後也能持續延續，儘管這條憲哥常講的「第二曲線」也和大家的職涯一樣經歷了許多高峰和低谷。然而，這些困難並沒有讓我退縮。因為我知道，棒球9局打完，可能有延長賽，但總有結束熄燈之時，但人生，就是場「無限賽局」。

每位運動員都會有退役的一天，我至今還記得被通知到可能要轉任教練時的虛無感和失去方向的困惑。然而，對我來說，它也是一個重新發現自我的契機，這段時間也成為了我重新定義自己和尋找新目標的寶貴機會。

運動員特有的個人特質，包含願意犧牲的團隊精神、扛起勝負的領導力和磨練技藝時的專注力，在各個領域其實都是珍貴的員工特質，因此退役後當看到許多同期的戰友由於少子化或其他因素而在專任教練這條路上備嘗艱辛，我開始探索如何將這些寶貴的經驗轉化為在其他領域的成功。

作為聯盟秘書長期間，雖不敢說留下什麼了不起的痕跡，但藉由聯盟的平台和同仁們的努力，從結合文創的30週年展到世界12強棒球賽的籌組創造佳績，還有疫情期間獨步全球的職棒開打，讓外界漸漸發現中華職棒聯盟不只於此，也因此讓我能有機會看到不同的領域，經歷文總會和國訓中心董事的洗禮，也讓我看到運動員更多的可能性。這可能性不只在我身上，在運動員身上，更在整個運動產業的從業人員身上，只是老邦我能力有限，所以我先從我熟悉的領域，協助退役運動員再進職場創造個人第二曲線開始。

選手需要舞台才能留下紀錄，但退役後的運動員更需要舞台，因為只要是努力的人，都值得被看見，也很慶幸這個理念得到許多一樣為了環境奮鬥的朋友們的肯定，憲哥、盧導、葉教授還有曾公這些前輩的成就都遠勝老邦我，但有一點是共通的，就是我們都願意為環境奮鬥，然後我們也通常都是讓同產業的其他人看不懂我們在幹嘛的異類，當然有了理念，也就更需要企業和社會方的支持，平台的發想和初步規劃已經獲得幾家國內重視ＥＳＧ（注2）的優質大型企業認可，後續就是按部就班實現計畫，在此也容許老邦我先賣個關子。

退役後的第二春讓我意識到人生不僅僅是一場短暫的競爭，而是一場持久的冒險。我開始理解到，我可以在不同的領域繼續挑戰自己，發揮我的潛力。

《無限賽局》這本書改變了我的思維，讓我體會到終生學習和自我挑戰的重要性。而退役後的第二曲線一路走來，讓我明白人生是一場持久的冒險，既然是冒險，就需要有夥伴前行，期待在不久的將來，能在「運動員退輔會平台」的發展之旅的路上，看到各位老朋友的一起加入。

把體育當教育，讓運動變產業，運動員退輔會平台，讓運動員不在場上，也能被看見。這本書的出版，是我人生奔跑的回望，透過近乎是用刻寫的方式，在寫作中反思自己，澄明思緒，並且向過去生命中的每個貴人感懷與致謝。

過去，我是那個1.0版本的老邦，或曾讓你感動或者不解，希望透過這本書，你認識到更全面的我，前半生我竭力讓更多人認識到早產兒也能褪下鐵鞋奔馳球場；退役選手也能用水滴石穿的精神成為職棒聯盟的專業經理人與非營利體育機構的管理者；當下，我努力做更好的自己，一個2.0版本的老邦，希望透過這本書，你更認同我全心投入要成為運動員職涯轉換墊腳石的認真，因為我沒有一刻懷疑過自己就是最適合翻轉運動員生涯的那個支點，相信我，如果你是運動員的親朋好友，你能從我書中更理解運動員堅持背後的幽深思索；如果你就是運動員，你將從我的故事中理解到每個挑戰不僅是養分、更是新視野的提升；你是因緣巧合翻到這本書的讀者，那麼，歡迎你帶著我的故事，看我籌設運動員生涯發展平台的創新與成長吧！

注１：《Ｈ２》是安達充創作的日本漫畫。故事以日本高中棒球為題材。《Ｈ２》的意思即「兩個英雄」。講述兩個棒球少年在賽場上互相競爭，在賽場外相知相惜的故事。

注2：環境保護（E，environment）、社會責任（S，social）和公司治理（G，governance），聯合國全球契約（UN Global Compact）於二〇〇四年首次提出ESG的概念，被視為評估一間企業經營的指標。

—推薦序—

我所認識的老邦—馮勝賢

——立法院副院長暨中華職業棒球大聯盟會長　蔡其昌

大家都知道我從小就愛棒球，隨著年紀增長，我的身分不斷改變，從玩棒球的孩子、球迷變成關心棒球的立法委員，甚至愛到在自己政治生涯最忙碌的時候，還接手了中華職棒大聯盟會長的位置，真正一頭栽進棒球裡。因為，我覺得棒球除了是我們的國球之外，它還有一種魔力，尤其最令人感動的是球員在球場上的那股不放棄每一顆球的拼勁。這股拼勁，轉移到工作與生活上，就會變成一種人生態度，一種令人尊敬的人生態度。

而老邦，是我認識的球員當中，少數幾位成長過程和選手經歷令我吃驚咋舌的。很多人認識他都是從一九九九年亞錦賽台灣對上日本，那一顆關鍵的漏接，這應該已經變成棒球場上重要的歷史事件，每一次只要老邦上媒體，這件事一定會被拿出來調侃一番，但並不是每個人都知道，他從小就是個早產兒，雙腳內八，穿鐵鞋矯正穿到 5 歲才脫掉，小學加入棒球隊後，因為身材瘦小、體力也不夠好，一直坐冷板凳，是一直到國二升國三，自己堅持加強練習才慢慢蛻變，後來一路成為國手，也入選職棒兄弟象隊，曾經是兄弟象明星內野手、也當過義大犀牛教練，甚至在二〇一七年成為職棒聯盟有史以來，第一位球員出身的秘書長。也因為如此，他從二〇〇四年就允諾成為早產兒基金會的終身志工，至今也影響很多球星一起投入早產兒的公益活動中。

我在二〇二二年接任中職大聯盟的會長一職，能在最短時間內，完成中職第六隊的尋覓、組隊與加盟，這不能不感謝老邦在中職大聯盟秘書長任內，帶領聯盟行政同仁日以繼夜努力，克服萬難打下的基礎。尤其令我佩服的是，老邦在秘書長任內完成多項重大改革與創新任務，包含二〇一七年引進佛州棒球投打訓練營來台協助基層教練與球員提昇科學訓練觀念；二〇一八年中華職棒30週年結合文化總會在台北華山文創園區舉辦30週年展，在台北、高雄兩場成功吸引超過 5 萬人次進場參觀，喚起全台球迷站出來；二〇一九年世界棒球12強賽組成最強中華隊，拿下十年內一級賽事最佳成績第五名，也是史上最年輕的選訓委員召集人；接著在二〇二〇年疫情期間配合ＣＤＣ中央流行疫情指揮中心指引，積極協調有關單位，創造全世界第一個職業運動賽事在疫情期間開打的紀錄，登上美國時代週刊與美國權威運動雜誌《運動畫刊》（Sports Illustrated），宣揚台灣防疫有成，更造成日、韓、美相繼仿效開打；秘書長卸任後在鄭文燦市長邀請下，至桃園體育運動發展基金會擔任執行長，除了在以往例行的活動注入創新概念，擴大舉辦之外，在二〇二一年也積極推動運動員生涯規劃講座，期待為運動員延續球場外的人生價值。

這些輝煌的行政經歷，不僅讓台灣的棒球被世界看見，更是許多管理理論應用在實務上的最佳範例，很高興老邦把這些年的心路歷程都記錄下來，再輔以管理理論的印證，成為一堂無畏人生管理的教練學，相信不論你經歷過多沮喪的人生低谷，都可以給你重新啟動出發的勇氣，感謝老邦，也祝福大家。

—推薦序—

從不可能到驚異傳奇

——國立臺灣體育大學校長　邱炳坤

老邦是個傳奇人物。他充滿熱情與點子，在疫情期間將中華職棒行銷到全世界；他滿滿的棒球魂，為草根棒球奉獻心力；他滿滿的感恩與回饋，為早產兒的活動盡心盡力；他靈活的思考與跨領域的整合，將中華職棒三十年的發展呈現給廣大球迷；他願意聆聽不同意見，創造出體育運動與文化之間的可能；他願意堅持，因此創造出不一樣的人生驚異傳奇。本書中方信淵教授的專欄，更是老邦棒球人生管理學的最佳詮釋。看到問題就可以從不同的角度出發分析，以獲得最佳答案。這是一本有故事、有眼淚、有教育、有棒球、有管理、有懊悔、有反省、有愛心、有感恩的內容，值得一讀的好書。

—推薦序—

成功的路上並不擁擠，因為堅持的人不多

——教育部體育署前署長、國立臺灣師範大學特聘教授　張少熙

親愛的讀者：

本人與作者，也就是大家熟知的「老邦」或者「馮勝賢」，同樣是運動員出身並經歷了運動生涯的轉換與掙扎，相知多年，看著老邦從青澀的研究生經歷職業棒球教練、中華職棒秘書長乃至於桃園市體育發展基金會的執行長，成長為一位筆耕不輟的專書作者，心中滿是感動，閱讀時，那個年輕時的我，彷彿又躍然眼前。

老邦的職業運動生涯非常令人矚目。他擁有卓越的球技和戰術智慧，這使他成為球隊中不可或缺的一員並獲得多次金手套肯定。不僅如此，他還擁有深厚的專業知識和對棒球運動的熱情，這使他成為一位引領新一代球員的傑出教練。然而，俗話說：「人在公門好修行」，本人在公部門服務時，為

推展體育政策與時任中華職棒秘書長的老邦有過許多互動及合作的經歷，進一步認識到他在生涯超越與經營管理上，也有著許多獨到的看法跟卓見，現在，這本融合了他的前半生以及許多棒球重要時刻的新作能上市，確實是讀者之福，因為，我們能體會到他如何突破身為早產兒先天遭遇到的各種困境，透過棒球運動翻轉他的人生，理解他在運動行政管理、公益推展等領域的歡笑與淚水，還有淬鍊出的點滴智慧。

無論您是棒球運動愛好者、此刻奮鬥的運動員、或是純粹對老邦好奇的讀者，本書肯定能讓您從不同的分析思考角度看待運動員的生涯歷程、理解要帶領團隊時的協調折衝，此外，一篇篇隱藏在每個光輝下的生命故事，能讓讀者進入老邦的曲折生命。

最後，我衷心地推薦馮勝賢的新書給所有敬愛的讀者們，並肯定本書將啟發您我對棒球與人生之間的萬般熱情和創新思維，謹在此書付梓之際，本人樂為之序，並邀請大家一起來當老邦生命中的貴人！

—推薦序—

褪下球衣的老邦，第二座山的球星

——台灣運動好事協會理事長　謝文憲

老邦，一位從絢爛雲端，到恬靜平淡，卻力圖攀登第二座山的棒球之子。

看棒球的人，沒有人不認識他，一九九九年，台灣在韓國參加雪梨奧運棒球資格賽中，因為三壘側高飛球漏接，老邦從此成為名人，也像罪人。

加入職棒的起點是這個，不會比這個起點更低了。

我熟識他，雖然不會因為是這件事，但他每次看到我，都會再跟我講到這件事，也隨時提醒著自己，「人在高峰時，要能看見他人，低谷時，要能看見自己。」

後面加入兄弟象的事，大家比較熟知，包含二代象三連霸、四屆金手套得主、中職新人王、連續出賽556場、拿到博士學位、中華職棒大聯盟第一位從球員出身的秘書長，再再都寫下傳奇。最讓我動容的，不僅是他在球場上的表現，而是他帶領中華職棒，度過二〇二〇年的疫情，成為當年全球第一個開打的職棒聯盟。

他每回都很謙虛地說：「這些都不是他的功勞，沒有全隊將士用命，以及全聯盟與衛福部夥伴們的同心協力，他是不可能達成這些目標的。」

這些從低谷攀登高峰的故事，就像一部史詩級的劇本拍成電影，那樣的精彩。不過，再往前看一點，他卻是一位無畏人生的早產兒，從小穿鐵鞋長大。

書裡頭有很多篇章記載這些，我無需野人獻曝，大家可以自己看，我想提提我與他平日互動的三個觀察：

愛好學習，虛懷若谷

對於棒球，我僅是鍵盤教練，對於商業企管，我也算小有名氣，只要我有的資源，我會盡量與他分享，只要他有空，他會默默地坐在我的教室裡，聆聽教室裡頭的故事與知識點，他會用他的思考邏輯詮釋，用在他的工作上。

說真的，他也算是一個咖了，大可不必彎腰學習，然而，這就是我尊敬他的地方，隨時保持學習的心，持續保持前進。

考大客車駕照、考開漁船駕照、跟大家一起聽演講……我一直很佩服他的學習企圖，這就是他管理教練學的基礎與底層邏輯。

連結資源，創造綜效

我第一次與他見面，就是在新北市的一個球場中，時任中職秘書長的他，在休息區跟我聊他對中職與台灣棒球的擘劃，在棒球領域只是小角色的我，聽著他的想法，說真的很興奮。

這幾年更認識他後，他對於資源的串接與整合很有一套，我每回都跟他開玩笑說：「中職明星球員，只要唸多一點書，都會變得很了不起。」

我常給他建議：「球員只要多點表達訓練，商業思維練習，加上外語能力與管理經驗，都會變得很不一樣，這些是通往世界的鑰匙，也是發揮球星影響力的關鍵武器。」

老邦就是佼佼者，書中對於球賽與管理思維的整合，非常好看。

第二座山，名人堂級

我最近開始跟他在做企業與體育運動產業的連接，包含張少熙前署長、何信弘博士，我也開始學習與他們對話。

他知道運動員的辛苦與生命週期，我們也很希望協助運動員做第二人生的開展，於是，運動員退輔會的觀念，油然而生。

他開始協助運動員提前布局生涯規劃，第二專長訓練，運用槓桿做綜效與整合的能力，他親力親為、無役不與，用他在球員時期每天接千顆滾地球的練習精神，用在第二座山與第二人生的旅途中，幫助他人，也幫助自己。

這幾年，他有些低潮，會到中壢來找我喝咖啡，他不會愁眉苦臉，也不會唉聲嘆氣，更不會怨天尤人，我們的對談都是遠大的計畫配上一杯咖啡，那麼的香醇與美好。

這是男人間的 men's talk。

我認識的不是球星，是一位看準就撲的好朋友，他是老邦，馮勝賢。

—推薦序—

改變際遇、融和人生！

——簡報與教學教練、《教學的技術》等書作者　王永福

跟一般人不同，我跟老邦結識的場合不在球場，卻是在教室裡！

那天是一年一次我幫台大簡報課上課的日子，好朋友 Benson 葉丙成老師跟我說，今天會有一個好朋友一起來旁聽，是前職棒球星、金手套、後來轉任教練、秘書長，還是首位拿到博士的職棒選手。然後，我就看到精壯有精神的老邦，認真地坐在第一排，觀察與學習課程的一切。這是我跟老邦第一次的見面。沒錯，不在球場，而在教室裡！

後來見面的機會越來越多，我們交流了許多事情。透過邀請他來我的節目 Podcast「福哥來聊」的機會，才知道他是從穿鐵鞋的早產孩子變運動明星，進入職棒也從一個重大挫折開始。但老邦總是能把逆境轉化成自己的養分，把每個別人口中的「事故」轉變成自己的「故事」。這樣的心態，也讓他的人生有機會變得更美好，持續地改變自己及周邊的環境。

原本以為這樣的人生故事已經夠精彩了，沒想到老邦職棒球星再轉身一變，成為學術殿堂的博士學生，再用他的所學，幫助他熱愛的運動領域及早產兒們。這樣跨領域的整合能力，實在讓人佩服啊！

本書不止有老邦精彩的人生故事，還有用學術理論來詮譯人生轉變。就如同老邦自己，從穿鐵鞋的小孩到運動天才、從快要放棄到連續出賽記錄、從失誤到ＭＶＰ、從球星與博士，最後再用人生故事回歸到學術理論。這些不同卻交融的人生樣貌，是老邦用真實每一天活出來的樣子。這些文字感動了我，相信也會感動大家，並且讓看見書的您，有些不同的學習。

誠摯推薦，這本改變際遇、融和人生的好書。

—推薦序—

運動即是人生

——國立臺灣師範大學體育與運動科學系研究講座教授　張育愷

人生充滿著起伏與挑戰，但也正因如此，我們方能在逆境中茁壯並成長，找到真諦與意義。在充滿競爭的世界裡，我們需要找到一種獨特的方式來面對困難，並為自己的人生設定目標及方向。

這本《看準就撲：馮勝賢的無畏人生管理教練學》以馮勝賢（老邦）的奮戰人生為主軸，帶領讀者深入了解他的成長歷程：從媽媽期許他打球的初衷，努力奮鬥成職業棒球新人王，經歷遭觸身球事件，轉換職業成為一名教練，最終成為棒球博士，並走向不同與多元的路徑。這些真實的故事不僅展現了老邦的決心與毅力，更揭示了在人生旅途中可以獲得的寶貴教訓與心得。

本書內特別闡述了老邦在讀博士班過程所面臨的挑戰與突破，而我恰好是這段歷程中的見證者。我目睹老邦在思考論文問題時突破困難，並成功連結早產兒與運動科學之論文；我看到了老邦從一個不熟悉英文的人，逐漸成長為能夠自信地在國際舞台上發表演講的人；我亦見證了老邦在繁忙的公務中，仍然堅持不懈地完成學業，最終取得博士學位。這些「真實事件」展現了老邦不屈不撓的精神及對知識的追求，經歷著挑戰和突破的過程，終究證明了自己的能力和價值。

本書以老邦所面臨的實事及他如何突破困難為主軸，再輔以結合管理學、心理學、品德教育、市場營銷、領導管理、運動科技，及運動心理學等學術科普專欄，為讀者提供多元的觀點與知識。這些專欄特別邀請由學界專業人士撰寫，將學術理論與實踐相結合，使讀者能夠更深入地理解管理和人生探索的本質，引領自我追尋個人成長與成功之道路。

讓我們一同跟隨老邦的足跡，深入了解他無畏的人生管理教練學。相信這本書將成為一個啟迪人心的指南，為那些渴望在生活中取得巔峰成就的人士，提供寶貴的支持及可追求的指引。願您能夠從這本書中汲取力量，燃起內心的火焰，勇敢地追逐自己的夢想及未來人生目標！

二〇二三年 5 月20日 於台北劍梅齋

推薦序

職場經歷乃至人生經驗的啟發

——中信金融管理學院教授　陳錦稷

大家應該都看過馮勝賢在棒球場上的英姿，或許也都知道馮勝賢在職棒界的綽號叫「老邦」。馮勝賢曾經擔任過二軍球隊的總教練，也曾擔任職棒聯盟的秘書長。馮勝賢不但是一位出色的運動員，更是首位有博士學位的中華職棒職業球員，馮勝賢以早產兒的運動認知實驗為研究題目而獲得博士學位。

就管理實務而言，中華職棒秘書長是聯盟的高層管理職務，不但要負責協助聯盟的日常營運和管理聯盟的事務，更必須與各球隊、球員和其他面向進行溝通和協調。秘書長層級的管理職位，必須負責制定和執行聯盟的政策和規定，確保比賽的公平性和順利進行。甚至也要參與制定球隊間的合約和交易條款，協調球場和賽程安排，並處理可能出現的爭議和問題。秘書長也負責促進聯盟發展，包括宣傳推廣、贊助合作和國際交流等方面。

馮勝賢擔任過中華職棒秘書長工作，具有相當的管理能力。馮勝賢擔任中華職棒秘書長的具體事蹟，例如改革、推動聯盟發展、改善營運方面的具體成就，相信中華職棒相關人員都會非常贊同。

馮勝賢在運動場上表現傑出，又能成功轉型擔任管理職務，在他的生命經驗中，能夠全面把握各種挑戰和機遇，馮勝賢的專業知識與卓越的成就使他成為中華職棒乃至社會的重要資源。以馮勝賢的專業知識、領導才能和致力於社會責任和公益事業的無私奉獻精神，馮勝賢的善良和關懷使馮勝賢成為大家敬佩的榜樣，深信馮勝賢的影響力將繼續擴大，為社會帶來正面能量。

我非常樂意向您推薦馮勝賢的新書。相信在馮勝賢的新書中，我們能見證馮勝賢令人矚目的成就，而對自己的職場經歷乃至人生經驗都會有很大的啟發。

—推薦序—

棒球比賽九局打完了，但人生還有下半場

——歷史科補教名師、名主持人　呂捷

坦白說我對老邦的認識來自一九九九年的亞錦賽。沒錯！我說的就是那一球，那令人心碎的一球。那一年我十九歲，我心想……那個薩逗（三壘手）完蛋了!! 後來再看到他就是在職棒場上了~

雖然那個時候的兄弟象有著最閃亮的黃金三劍客，但也是台灣職棒最黑暗的時刻。那些年有個瘦弱的身影堅守在二壘的防線，身為球迷的我知道，敵隊的球只要打到那邊就死了（這就是傳說中的「安定感」）！九年的職棒生涯他連續五個球季全勤，拿了四座金手套和一生只有一次的新人王，想必是練武奇才吧~

後來才知道老邦是個早產兒，五歲以前都穿著鐵鞋，他用成績完美的詮釋了什麼叫做「人定勝天」！在只有菁英才能生存的戰場，他留下了璀璨的紀錄。在球場外他也發起了一系列的活動為早產兒募款，回饋社會。

說實在話，他是我最佩服的職棒選手。每個人都有離開職場的時候，尤其是運動員，往往三十幾歲就得退休……棒球比賽九局打完了，但人生還有下半場。老邦的下半場超乎想像的精彩！在離開球場之後更擔任中華職棒聯盟的秘書長，調和鼎鼐各球團之間的紛爭與權益。我們都知道在台灣，職棒是資方的市場。聯盟與球團之間如何在衝突中求穩定，穩定中求發展。這不是棒球，是政治！

褪下秘書長身分之後出書寫作、升學進修，老邦的生活依舊精彩。學畫畫、開大車還去考遊艇駕照。我笑著跟他說：「賢拜，你這個斜槓也開太大了吧！」

這本書結合了球場經驗與人生管理，並且將所學與實務結合。把在球場的點點滴滴與管理學的理論相互印證。從球場看世界，走向從世界再看回球場，其中包含了組織、衝突管理、轉型領導、職涯探索、生涯規劃等外部因素與內在的自律交互分析。輔以真實人生的經歷來驗證理論的可行性與實際運用，簡直是管理學的教科書。

人們離開熟悉的環境往往會感到恐慌，但老邦說：「停止學習才讓我恐慌。」是啊!!恐慌往往是來自於不作為，一旦開始執行之後……哪有時間恐慌！恭喜賢拜出了人生的第二本書，也取得了博士文憑，成為台灣第一個中職棒球博士。

—推薦序—

走一條不同的路

——資深棒球球評　曾文誠

身為一位職業棒球選手，馮勝賢想走一條不同的路！

什麼是不同的路？或許是這本書要帶給我們的主要啟示。先講一下絕大多數的傳統職棒選手會長成什麼樣？會是從小大概四五年級學打棒球，接著花了極長的時間（超乎你想像的長）讓自己能在各種技術上成長，要想辦法爭取隊中先發、之後成為同世代最好的選手之一、被選進國家隊、最終完成目標踏進職棒大門，然後打個幾年，選手不能當之後再找個教練工作，繼續留在球場內。

這差不多是普遍選手的想法，也因為幾乎是花了前半輩子所有時間在棒球上，所以我們的棒球選手總有個錯誤觀念，以為可以靠棒球一輩子、可以穿球服一世人，殊不知真正的人生挑戰是在沒有球衣穿的日子才開始的，畢竟教練名額有限，不是人人都能擠進那個窄門內。

在成為職業選手的過程中馮勝賢和他人相似、也許更辛苦一些，對一位早產兒行動都不太方便的孩子來說，最終能打職棒是很不容易的。但之後馮勝賢決定選了條不同的路，馮勝賢認為職棒選手、或擴大為所有運動員都不應該被制約、選手出身的人可以做的事，能走的路遠比我們想像的更多，所以他身體力行地踏出，馮勝賢要証明自己做得到，未來後輩也一定可以。首先他要打破「頭腦簡單四肢發達」傳統對運動員歧視看法，馮勝賢重新拿起書本、在打職棒的同時唸了個碩士學位，之後更成為首位職棒選手拿到博士頭銜的人，關於他拿博士學位的這段過程，我覺得相當精彩，趕夜車、提報告這些點點滴滴回憶起來你可以看到馮勝賢過人的毅力，幾乎是拿出過去他在兄弟象連續出賽的精神來。同樣的，在這本書的寫作，他跟我說每天一大早他就規律地一字字完成，他這樣說我是一點都不懷疑。

成為首位職棒選手博士者，馮勝賢繼續創下另一紀錄、中華職棒聯盟第一位選手出身的秘書長，在將近四年的任期之中馮勝賢做了不少事、職棒三十年特展、棒球訓練營還有成為全世界第一個在疫情期間開打的職棒國家等，在書中你可以清楚看到他的思考點及整個決策實行過程，別人沒做、不敢做，不代表就不能完成，這是我最佩服馮勝賢的地方。更佩服的是這當中必須克服許多難關，包括自我肯定還有外界懷疑的眼光，但最終他都跨過去了。

相信每一次在秘書長任內所完成的目標，那不僅只是在達標的位置上打個勾而已，更是馮勝賢個人所獲得的寶貴經驗累積，他將其所感所想化為文字呈現在書中，尤其配合方信淵、何信弘教授的專欄導論更顯其專業性，很值得大家一讀。

最後祝福馮勝賢未來的路能踏實邁出每一步、創造更多人生價值。

—推薦序—

讀馮勝賢的書，有種既視感

——導演 盧建彰

我不懂事

我有許多要學習的事。

生而為人，我很抱歉。

常常為許多自己的軟弱感到困擾，當自己面對到一些難題，就馬上害怕，尤其是發生在家人身上的病痛。

那常讓我感到無力感，幫不上忙，不知如何是好，越想越害怕，越想越難過。

在學校，在部隊，在家裡的床上，在急診室，在加護病房外，在手術室外，我的恐懼從十七歲開始到現在，不曾遠去過。

我害怕造物主會帶走我的家人，而我的恐懼並不是沒來由的，我家裡整疊的病危通知書，可能遠超過許多人一輩子接過的，而我也才四十幾歲。

但這並不妨礙我成為一個人。甚至，可能幫助了我的工作。

長期進出醫院，見識生死關頭的我，好像有點因此適合高壓的工作。當廣告公司的同事喊著「要死了要死了」，我知道那不是真的。我們做的是廣告，並不會因為時間的關係，害死誰，頂多是開天窗，但說真的，你也從沒看過哪一天電視上突然一片黑，沒有了廣告，何況，天窗不開也會壞，該開天窗還是要開吧？

於是，我反而可以小看壓力，冷靜地面對眼前的工作，專注地想出我認為好的創意，讓作品說話，不至於因為害怕時間壓力，而隨便浪費了資源，做出無效的作品。

我也不會輕易地在權勢者面前就低頭，不會因為哪個企業的大老闆身價幾千億就過分畏懼，因為我知道，比起金錢的數字，在世上的日子才是最需要在意的數字，我可以大方直率地提出我認為對對方好的想法，而不是對方想要的想法。

因為生命面前，不須逢迎拍馬，只有真誠生意，也是。

我很感激我的家人，讓我可以早一點面對生死，並且不是那種矇懂無知、可以輕易置身事外的狀態，而是長達三十年的一堂課，這課，也還在上，我也還在學。

於是，當我讀馮勝賢的書時，也會有種既視感。噢，他遇到好多事噢。

但，我也必須說，遇事未必就懂事。

我常覺得自己不懂事，至少是不夠懂事，不夠懂世事，不夠懂處理世事。能夠像勝賢書裡回頭檢視自己過去的處理態度，自我檢討，確實很不簡單，加上還有專業教授，以策略分析的方式，一同參與討論，提出點列式的建議，這書的企劃，實在是不錯的。

把責任推給別人，當下或許比較輕鬆，臉上好像比較掛得住，但其實，午夜夢迴，在枕頭上，你會清楚看到自己的脆弱，還有無力承擔。

我之前讀到美國國務卿希拉蕊寫的小說，書裡頭的國務卿角色講到一個概念，大致是弱者害怕認錯，而強者藉由認錯來擺脫心理弱勢，並因此可以專注於未來。

我並不期望自己是個強者，但我希望自己是個善者。

與人為善，真正的意思不是跟每個人都很要好，而是幫助別人去做善事。

我不懂事，但我努力試試。

我想，這本書應該源自於一個善良的想法，希望最後也能幫助到每個人在生命的艱難時刻，做出良善的選擇。

否則，不懂事的我，那麼認真的寫這篇文字，也太不懂事了。

第一章

台灣首位職棒出身 棒球博士馮勝賢

1-1 學球只為和媽媽在一起

我是馮勝賢。

小學一開始就讀霧峰僑榮國小，跟著爺爺奶奶住。媽媽每月有放假就會找時間來看我過得好不好。直到小學四年級結束後有一次的機緣下，媽媽就問我要不要打棒球？想不想加入台中市太平少棒隊？我回答可以跟妳住嗎？我內心告訴自己，我如果打棒球，就可以跟媽媽、哥哥住在一起，就這樣開啟我打棒球生涯的起點，在我人生重要的生命旅程。

當時台中市太平國小是傳統少棒強隊，我本身運動細胞不是很好、身材也不好，因為我是早產兒，記得我五歲以前是靠穿著鐵鞋才能走路，打棒球非常吃力，一切要從頭開始學習。從傳接球就可以看出我是一個沒有天份的棒球選手，一股腦兒只想跟媽媽、哥哥住，才知道原來現實跟理想落差太大。進入球隊不久，就陪外縣市的同學一起住在學校開始展開團體生活。

打棒球是一條不歸路，一路上要面對挑戰，不是用看就會打球的運動項目。傳接動作看起來很簡單，可是實際操作後會讓初學者信心大滅，原因就是接不到、又投不準，一直在撿球，只能靠著**不斷練習**，不斷地失敗撿球，才能將撿球的次數減少。在國小階段打棒球，身材條件好的球員真的可以有比較多的機會，而我身材不好、技術跟不上，很快被定位為板凳球員，跟當時同年級的同學差異性就出來。

鍾重彩教練看見我的出生日期，就告訴我媽媽說我可以再讀一次五年級，這樣多一年接觸就會比較好一點，相對會有比較多的機會，我想這是老天爺給我一次機會，才能拿到首次全國軟式少棒冠軍，不過最後我沒有當選國手。媽媽為了不讓我受到傷害，原本打算讓我轉學，不打球了，感謝鍾教練後來說服我媽，才能順利繼續打球，一九八八年才有機會穿上中華隊球衣，代表台灣去美國威廉波特比賽拿到世界冠軍。

國中階段就讀屏東縣美和中學，當時是南美和、北華興、榮工三強鼎立的年代。美和是當時非常有名的傳統學校，要比喻的話，就像是近期平鎮等級的棒球名校。我在國中時期再次代表台灣出國參加世界少棒聯盟舉行的世界青少棒比賽，順利拿下世界冠軍。

高中生涯三年沒機會當選國手的我，選擇去了當時的臺灣體專（今臺灣體育大學）就讀，並在一年級就獲選一九九五年世界大學運動會國手，也是我第一次當選組成明星隊國手。當時在日本福岡舉行，而我擔任中華隊第五棒，在舊的大榮鷹主場出戰墨西哥隊擊出個人在國際賽的第一支全壘打，也是整個國手生涯唯一的一支，可惜這次只拿下第五名，沒拿到最佳成績。接著順利獲選一九九七年亞洲盃國手，一九九八年泰國曼谷舉行亞洲運動會參加棒球代表隊，拿下銅牌。

一九九九年獲選義大利西西里世界盃國手，那次成績雖然非常不理想，記得報紙報導是兵敗西西里，但這一支國家隊之後培養出許多好手，包括旅外球員陳金鋒、中職先生恰恰彭政閔，名將如雲。緊接著就爭取到一九九九年韓國漢城（今首爾）舉行的亞洲盃奧運資格賽，這是我當兵時期最後一次國際賽，這次的國家代表隊是台灣的第二支夢幻球隊，集結了許多國內外職棒好手組成中華隊，而我當時是代表業餘球員一路過關斬將爭取到正選名單。那次的名額競爭相當激烈，一個守備位置只會保留一個名額給業餘選手，經過了兩年的努力確實拿到中華隊奧運資格賽的正選國手名單，其中有許多實力堅強的職棒球員，像年紀最資深的投捕搭檔旅日投手郭源治、前輩捕手洪一中。也因此當時國人都看好這一次中華隊的表現，非常期待能拿到二〇〇〇年雪梨奧運會的門票。

從一九九二年拿下巴塞隆納奧運會銀牌之後，台灣棒球就沒有再進入奧運會的殿堂，國人非常期待，在進入二〇〇〇年奧運會，當時我有邀請我媽媽去韓國漢城首爾球場看我代表台灣穿上中華隊球衣，從小到大媽媽不曾到球場看我比賽，更不用說出國看我比賽。當時出戰日本隊的先發投手阿甘蔡仲南是一位業餘投手，也是該年加入中華職棒當時最高簽約金的職棒新人，而日本隊先發投手是赫赫有名的松坂大輔。他非常年輕加入西武獅，他不僅第一年就是當家王牌投手，而且球速非常快控球又好，尤其指叉球的角度威力又強，當時中華隊的中心打線完全被封鎖住。我是先發三壘手，打第九棒，第八棒是隊長洪一中，當時他被保送，壘上有人，接下來輪到我打擊時，以為會下達短打暗號，結果教練讓我自由發揮，於是我設定好直球攻擊，果然來了一顆內角偏高的直球，擊球時擠壓到形成幸運安打，順利推進到一、三壘，當時很高興我擊出中華隊第一支安打。緊接著陳致遠擊出帶有1分打點的安打，九一連線先得分讓日本隊頓感壓力。但好心情沒有停留在我身邊很久，接著就是那個大家都知道的關鍵性的失誤，這一個簡單內野高飛球，平常接一百球都不會漏接，結果這次我漏接了。從此國人就認識我，透過這個非常低級的失誤，最後就被日本隊逆轉再見安打輸掉比賽，連帶進軍奧運之路也止步，這場輸球，我不僅當下嘗到了立即被總教練林華韋換下場的苦澀，也讓「老邦」成了戰犯。

回國之後幾乎所有國人都知道失誤造成輸球的戰犯，就是老邦馮勝賢，跟著我一輩子的名號，回想這一球失誤之後，二〇〇〇年之後開始就沒有機會再穿上中華隊的球衣。我只好很認份把自己職棒的路過得精彩。

◆教授專欄—方信淵◆

Adidas「Impossible is Nothing」

很多人可能很難想像，一位曾經獲得威廉波特世界少棒冠軍、職棒新人王、中華職棒百盜球員、四屆中職金手套、寫下連續出賽556場等多項紀錄，征戰職棒球場超過20年，最後並成為中職第一位球員出身的秘書長老邦馮勝賢，其實是位早產兒，因為雙腳膝蓋內彎的天生肢體障礙，到2歲多還無法走路，必須靠枴杖和輔助器才能行走，直到5歲之後才靠著穿特製鐵鞋，將腿型矯正過來。自幼的身體缺陷加上單親、隔代教養，常受到同學嘲笑，當初居然是為了想和母親同住，才加入棒球隊，可是身體素質瘦弱的他，一直坐冷板凳，靠著後天努力與堅持，最後才能站上職棒舞台，成為頂尖運動選手。

「Impossible is Nothing」是Adidas在二〇〇四年推出，並且沿用至今的標語，當年請來黑人樂壇天后

Beyoncé 作代言人，以自身的經歷演繹「Impossible is Nothing」的精神，廣告推出後，點擊率逾千萬，這標語更引起行銷界廣大討論。

其實，事實上，這整套文案並不只「Impossible is Nothing」這個短句而已，當年這廣告文案，前面還有一整個段落鋪陳：

“Impossible is just a big word thrown around by small men who find it easier to live in a world they've been given than to explore the power they have to change it. Impossible is not a fact. It's an opinion. Impossible is not a declaration. It's a dare. Impossible is potential. Impossible is temporary. Impossible is nothing.” （2004 February 9, Sports Illustrated, Volume 100, Number 5, (Multipage advertisement inserted after the Letters section), Start Page 15, Time Inc., New York.)

一般常見的英文說法是「nothing is impossible」，那為何 Adidas 的廣告口號是「Impossible is Nothing」？其實兩者有語氣上的差別，前者是「沒有不可能的事」，也就是完全不承認「不可能」的存在；後者則是「不可能的事，沒什麼大不了的」，承認了「不可能」的存在，但並不把這放在眼裡，語氣包含了更多堅強毅力與努力的感覺，這種倒裝的語法，讓這句廣告詞，引起更多的討論和令人印象深刻。

而二〇二二年 Adidas 更延續此主張，進階推出「I'm Possible 我就是可能」品牌故事，激勵所有女性與運動員在追求目標的途中，發掘更多可能性，釋放潛力，成就更多的可能！

老邦這人生的故事，根本就是運動品牌的真實台灣版，相信應該可以給很多在人生道路上遭遇挫折的人，一些鼓舞。

1-2 拼到新人王（連續出賽556場，聯盟第二、兄弟第一）

一九九九年9月21日早上9點是我到兄弟象隊報到的日子，記得在半夜一點45分是九二一大地震時間。我早上六點打電話給當時兄弟象管理賴桑問報到時間是不是正常呢？他告訴我就是正常報到，就開始展開我職棒生涯日子。當時報到之後，總教練中山俊丈集合眾人介紹我給大家認識，也第一次看到首席教練榊原良行，面惡心善的他，在當時第一次的接觸就給了我一場震撼教育。他在電視上看我在韓國漢城（今首爾）比賽當時漏接失誤，於是透過翻譯員來告訴我，**進入職棒就是重新開始，就像白色圖畫紙一樣專注地去彩繪自己人生的作品**。相較於榊原教練的向前看，當時的我內心都還在想是否記者、球迷會認為老邦經歷那次嚴重失誤後，職棒生涯是不是也會因為扛不住壓力而很快就結束？不要說球迷，我自己都在懷疑自己是不是能在更高的殿堂闖出一個名號出來。

職棒賽程受九二一大地震影響延賽兩週，我們全隊一起去兄弟飯店前的捷運站開始義賣募款賑災，整隊出發到埔里送物資，讓我重新了解人生有許多的突發狀況。對於報紙大幅報導中華隊因三壘手馮勝賢漏接造成無法拿到奧運門票成為歷史罪人，當時24歲的我內心非常難過而且非常焦慮，內心充滿了不確定因素，未來職棒生涯是不是很快結束？我還有沒有機會透過球場上的表現讓球迷重新認識我？

記得我個人職棒首戰非常緊張，雖然當天球迷進場不超過一百人，但空曠的現場，讓當時三商球迷的喊聲更加明顯：「這個選手連這樣簡單的球都會漏接，害中華隊無法拿到奧運門票，還有臉來打職棒」。我相信許多球員進入職棒之初都是伴隨著球迷的掌聲肯定期待而進來，我剛好相反，沒有掌聲和期待，只有看衰，還是被看得非常衰的那種。不過我沒有自我放棄、沒有逃避，反而用盡力氣面對挑戰。當時吳思賢教練是負責對我所有訓練的主要教練，而我在去球場之前就必須先去特訓，結束後再出發去球場比賽，這樣就完成一九九九年12場比賽。

回想起來，有那一次的失敗，多了一個人生重大挫折，更讓我了解自己只有往前看，兄弟象的隊訓是「**苦練決勝負**、**人品定優劣**」，更加能體會這句話的道理所在。當時每天的訓練：從起床到晚上睡覺前都是接球訓練、檢討修正開會，就是不斷地特訓接球、重新練習基本動作，因為基本功很重要、很重要、很重要。每天特訓的量最少就是6箱球疊起來，接完才能休息。教練不斷地打給我接滾地球，二〇〇〇年1月到3月春訓就是這樣不斷強化練習，每天都要接超過三千顆以上的滾地球，3月開始球季開打，就是驗收春訓成果。記得春訓開始，兄弟隊游擊手陳瑞振受傷，因此球隊叫我去練習游擊手，那時我真的就是告訴自己要全力以赴，而當時的代總教練林百亨給我很大空間，叫我不要害怕失敗，大膽上場表現，不管表現好壞都要很快去調整好自己的心態，為下一場做好準備的「歸零理論」。榊原教練說棒球內野手重要防線就是由游擊手來主導，是整個防守很重要的靈魂人物，要我勇敢面對挑戰，不要害怕失誤，大膽去比賽，「除非腳骨折不能比賽，不然全部都要在場上，不會隨便把我換下場」，就因為這一句話讓我在場上安心比賽，才能開啟連續出賽場的基礎，開啟培養自己舞台的韌性，也相對的更能夠了解自己的身體狀況，照顧好自己身體，才能有不錯的身體狀態去應對比賽。

當時兄弟隊史連續出賽的紀錄是洪一中前輩保持的402場紀錄，最後我出賽５５６場連續出賽紀錄，則是新人球季開始連續出賽第一名、聯盟紀錄排名第二位。在這六年半連續出賽真的是在我球員生涯中值得分享給大家的時光，其中經歷許多的關卡，靠著團隊合作以及教練、隊友、後勤部隊的信任才能完成，很可惜後來因為一次觸身球中斷了連續出賽的紀錄，但我想這就是命運安排好的劇本。當年我個人拿下新人王及最佳九人兩個獎項。

二〇〇一年到二〇〇三年，二代象開啟的三連霸王朝，當然最值得回味。不過球員時代打滿八個球季，入選八次的明星賽，也是難得的回憶，在這要非常感謝兄弟象球迷的不離不棄精神，才能給我們球員不斷地往前邁進的動力。從叛國賊到職棒球員拿到獎項，這一條路真的非常辛苦、非常煎熬，要不斷面對場上勝負的壓力、內部的競爭，同時身體要維持健康出賽也是一大挑戰。球季結束時，每每面對隊友離開的情境，就想有一天我沒打好這樣的一天也會來臨，是否能有續約的機會、有黑歷史造成球迷不進場支持……面對這些種種壓力，也是職業選手的宿命。我想唯有不斷地「歸零」，重新面對挑戰，繼續往前走才能延續自己舞台，職業球員人生價值就是這樣，更是運動員該要有的認知。

◆教授專欄—方信淵◆

危機管理

危機管理計畫，主要是概述在危機發生時的因應方式，釐清由誰來採取行動，執行的行動方案，以及過程中可能遭遇的問題與因應策略。不論是業務或人生，擬定好危機管理的相對應措施，將可以使團隊或自己做好準備，減少所造成的長期損害。

其實不只是個人，包括企業、團隊，乃至於國家，隨時都可能陷入舉步維艱的危機時刻。此時面對危機可以依循以下四個步驟來沉著處理：

步驟一：預防準備

在危機發生前，一般都是有徵兆可尋的，所以必須隨時針對組織或團隊可能面臨的危機進行偵測，並提出各種危機的因應策略，可以降低危機所帶來的威脅與傷害，也就是擬定危機管理計畫，設定狀況，針對可發生的危機進行實際模擬演練。

步驟二：評估風險

指危機出現時，先針對危機進行分析，橫軸設定為「危機發生時的嚴重程度」，縱軸設定為「危機發生的可能性」，評估出危機事件的座標。高可能性、低嚴重程度的危機，屬於輕度危機；高可能性、高嚴重程度的危機，則屬於最嚴重的高度危機。不同的危機狀態，適用不同的危機處理策略。

步驟三：危機處理

針對不同狀態的危機，有不同的因應策略。

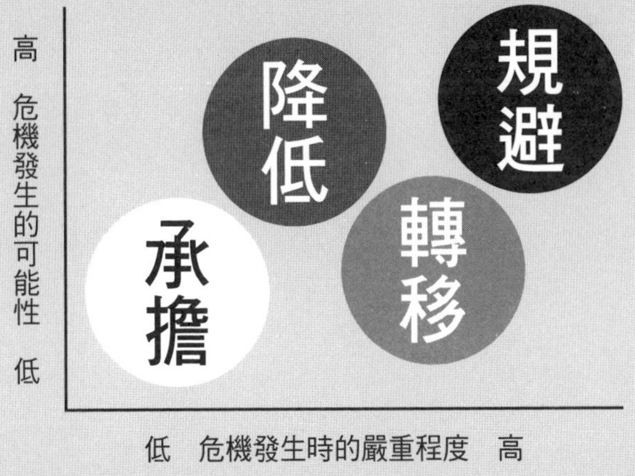

1.規避危機：面對發生時嚴重程度高和發生機率也高的危機，試著盡量避免做出可能導致發生的行動，例如企業中若短時間內，並沒有多餘的資金可供周轉時，我們就要在這段時間盡可能採取較保守的經營策略，降低支出，以規避資金周轉出問題導致營運停擺的窘況。

2.轉移危機：面對危機發生時會產生嚴重後果，但發生機率不高時，可以試著將危機發生時所必須承擔的損失，轉移到其他載體，例如以投保適當的保險來降低損失。

3.降低危機：這裡指的降低危機是降低危機產生的傷害，因為如果危機發生的機率很高，但嚴重程度不高，如果在無法轉移的情況下，既然避不開，就要想辦法在危機發生時，盡量減少傷害，一般企業或公眾人物面臨重大危機事件時，召開記者會，勇敢面對也就是降低危機傷害的一種方式。

4.承擔危機：如果評估危機所造成傷害不大，發生的機率也不高時，通常就會忽略它，選擇在危機發生時，試著承擔面對它。

步驟四：動態監控

最後一個步驟，就是持續注意危機的動態變化，如果還有新的變化，就必須調整策略，即時處理，隨時彈性因應，避免危機失控惡化。

1-3 背上的一顆觸身球事件

二〇〇五年我連續出賽中止，二〇〇六年傷勢恢復之後還是在當年拿下金手套獎項，二〇〇七年則是球員生涯最後一年，當年面臨許多挑戰，出賽場次降到有史以來最少的53場出賽，也是場上成績最差的一年，147個打數29支安打都創生涯新低。現在回想，這一年可說是當時人生最低潮的時刻，更沒想到球季結束就接到管理層電話，有新人進就有舊人走，我最後接受安排轉任二軍教練。其實二〇〇六、二〇〇七年成績是差不多，二〇〇六年當時總教練吳思賢只當一年就被換掉，球季間有13連敗，全是非戰之罪，主力選手同時受傷，年輕選手又銜接不上，導致團隊成績不理想。

二〇〇六年我個人有一個事件相信球迷都會知道，就是「法律野球」。故事從一顆觸身球開始，9月16日在台南球場比賽，兄弟出戰統一，在6局下統一12：1大比數領先兄弟時，當時統一一壘有跑者，教練下達盜壘暗號，當盜壘成功之後被兄弟象隊認為有挑釁意味，於是就啟動棒球場上的不成文規定觸身球模式，7局上兄弟隊投手蕭任汶就先對獅隊打者陽森投出一記腰部觸身球，接下來８局上投手林岳平快速球連發時速超過１４５公里以上朝我頭部上方過來，還好沒打到不然後果不堪設想，當下我非常生氣，生氣點在於一位新人上來就投這樣的危險球，如果真的打到頭怎麼辦呢？

因此當第三顆時速１４８公里的球投到我的背部，場上衝突就開始了，板凳清空、場內推擠，原本情緒過了就結束了，當晚激情過後想說就算了，結果隔天早上看到報紙報導，賽後記者有問林岳平，他當時有說出是教練授意，我就帶著報紙打電話向我當時碩士班有律師背景的老師請教，報紙有登出來這樣的狀況是不是有構成教唆傷害事證嗎？因為當時我剛好在碩士班上過法律課程，依課堂所學做了理解判斷，再加上老師有提供一些意見。至於當時想提告的動機，就是不容許日本教練來傷害中華職棒環境，我想爭取的不是個人榮辱，而是爭取一個道理，要當時下指導棋的日本教練跟台灣球迷道歉。後來我去跟當時洪瑞河領隊報告，他告訴我這是我個人行為，他不給任何意見，尊重我決定，可是律師費要自己處理。於是我開始跟律師討論，也很快招開了記者會，開完後當然也面對許多批評壓力，我都勇敢去面對壓力，最後有爭取到日本大橋總教練道歉。原本以為一切風風雨雨到此結束，沒想到其實才剛開始。

有棒球大老不認同我這樣的行為，怎麼用法律解決呢？就在球場上來說明就好。我當時只有尊重，因為很多事不是當事者，都無法理解為什麼要這樣做。我相信沒有選手喜歡這樣處理場上事務，但我其實只要一個公道，為什麼要授意投頭部近身球呢？我在場上已被傷害一次，在新聞報導又說了是被授意，那我就更不能接受，一位年輕投手就這樣被教成負面教材，這是錯誤的示範。

當時其實有許多隊友告訴我，不要走法律途徑，這樣子會被討厭，不過我認為不這樣做就沒有是非公理了，仍然堅持提告，還跟律師討論只要告二位日本教練教唆傷害、不要加上林岳平投手，他是第一年剛進來職棒，聯盟合約有規定有起訴就沒辦法打球，這樣就會對他影響很大。可是律師告訴我他是執行者所以不能撤告，於是我跟律師討論就等日本教練道歉，我就撤告。

之後因為這樣事件被貼標籤，當時外界負面言語的指責，我心情非常低落，但我個人深信會有真理，而這件事件對我個人影響非常的大，讓我告訴自己就是不斷地學習，**保持初衷，努力在場上場外多元學習**。

二〇〇七年是我自己心態問題比較大，我犯了球員最大的錯誤：不斷地檢討別人。我自己當了教練時，才了解當球員在負面心境卻只會檢討教練時，就代表自己開始要走下坡、要準備被新人取代了，因為每天上球場都是負面情緒，自然就會忘了修正自己不足的地方，自我盲點也就越來越大，進而沒辦法專心在球場上應對所有的挑戰。經過了十幾年之後再看過去自己當時的心態，確實有很大的改善空間。看到只在乎過去的成績、忘了當下的成績表現不穩定以及因為自己心態而無法面對困難而選擇逃避的自己。這樣的心態造成與教練團間互信感不足，因此當有新人上來之後，自然就等著被取代，這是職業運動的現實、也是我個人的經驗。

職業運動就是要不斷地保持好成績，才能有舞台發揮，才能有不斷在場上表演的機會，不要去討論自己過去表現多好，而是要透過不斷地提升自我能力，讓團隊戰力因你而提升、成為能夠幫助球隊勝利的戰力。我相信如果是對球隊有戰力的球員，教練一定會想要把他留在場上。

當知道自己已沒有舞台的時候，內心有非常大的恐懼，那時小孩子剛出生不久，母親又得了癌症，種種因素讓我不斷地告訴自己，不要害怕困難，面對問題，找出方法解決。我相信這一條人生的道路上，會遇到許多突發的狀況，就**用對的方法去解決問題**，**用正確的心態去面對困難**。我當時最後選擇接受公司安排當二軍守備教練。32歲的我仍相信在球員角色是還可以繼續走，只是礙於當時的心態不正確，導致失去了人生最愛的球員舞台，回想當時的狀況，在雙重打擊之下我也只能勇敢地往前走、去面對，我想這就是我的人生歷練吧，我就用正向行動去面對自己人生新的階段，重新調整腳步，再去創造自己新的舞台，不斷地主動學習，不斷地歸零，面對困境用行動去我體驗自己不足的地方，這樣才能不斷地成長，從逆境中反轉自我的價值。

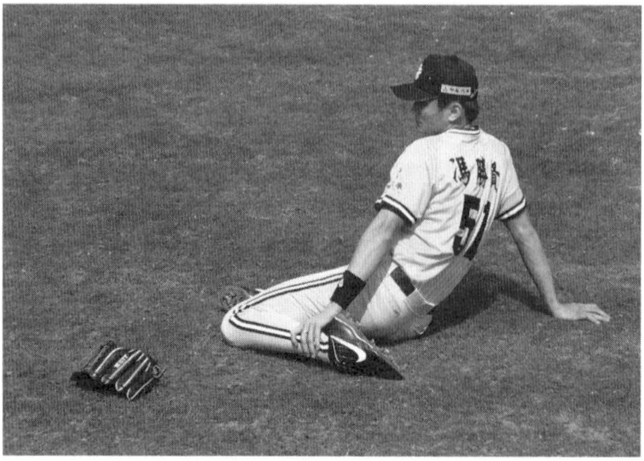

◆教授專欄—方信淵◆

組織衝突

衝突通常是由不同的利益、需求、觀點或價值觀之間的衝突引起的。當兩個或多個人或團體之間的利益或需求相互衝突時，他們可能會試圖通過不同的方式來實現自己的目標，這可能導致矛盾和衝突。

例如，家庭成員可能因為意見不一致或價值觀不同而發生衝突。在工作場所，員工可能因為職責分配、工作時間、薪資或其他工作條件而產生矛盾。政治、宗教或文化差異也可能導致衝突。

根據程紹同等（二〇一七），整理出衝突發生的原因如下：

1. 工作目標衝突：在企業中的不同部門，工作目標可能會因核心的目標不同，導致關心的問題也不同，而引起部門間的衝突。例如：公關部門和生產銷售部門可能因為關心的焦點不同而產生衝突。

2.資源分配不均：當組織內的資源可能因人為或資源有限，而造成分配不平均，也會導致衝突的產生。例如在職棒高度競爭的環境下，一軍名單有限，為了競爭球隊的一軍先發位置，球員間就會存在著潛在衝突。

3.組織結構的模糊：不論是組織目標、作業流程、工作分配的不清楚，都可能造成成員間的責任不清，而產生衝突。

4.個人行為：每個人有不同的個性和人格特質，因此人與人的相處，有時可能因為不同的行事風格造成衝突的發生。

5.認知差異：不同的位置，不同的人，當然會有想法上的差異。例如老邦提到的觸身球事件，被教練授意投出觸身球的投手、站在打擊區的打者、媒體記者、法律界都有不同的認知，衝突也就因此產生。

6.不良的溝通：人與人的溝通，有文字、有肢體、有語言，在訊息傳遞的過程中，不當的溝通可能導致誤解或爭議，此時也可能會產生衝突。

我們可以看出來，職棒因為高度競爭的特性和資源有限，產生衝突的機會也相對提高，然而，衝突就一定是負面的嗎？一般人的確對於衝突的刻板印象都是負面的，但現代的管理學派，已經將衝突視為組織內必然要存在的，尤其是正面的衝突。

組織中的衝突可以是有建設性的衝突，因為適當的衝突可以刺激組織內的成員轉變，只是**對於衝突要即時處理**，以免衝突爆發開，而造成了組織或成員間不可挽回的傷害。

一般來說，衝突管理的策略分為5種：

1. 競爭：這是一種以獲得自己的利益為主要目的的方法。這種方法可能會在一些情況下有效，但通常不是最好的解決方案，因為它可能會導致更大的衝突。

2.合作：這是一種雙方都能獲得利益的方法，通過討論和協商，找到一個共同的解決方案，這種方法需要雙方都有理智和耐心。

3.迴避：這是一種不去處理衝突的方法。這種方法在短期內可能會解決問題，但長期來看，這些問題可能會變得更加嚴重。

4.退讓：這是一種順從對方意見，不與對方產生進一步衝突的方法，這種方法有時會被用來解決緊急或者必須快速解決的問題。

5.折衷：這是一種讓雙方都得到一些優點，但也都失去一些優點的方法。這種方法通常用於雙方都不想失去什麼重要優點的情況下。

以上這些策略可以根據特定情況和個人偏好進行應用，因此在選擇一種策略時，需要根據情況進行分析和選擇。

1-4 二軍總教練帶兵總冠軍荊棘路

二〇〇八年是老邦正式當教練生涯的開始，正式接任二軍守備教練，當時二軍總教練林百亨給了我許多如何當一位好教練的指導。回想選手時期春訓住龍潭球場小木屋，結果我之後就要跟二軍選手一起住在小木屋一起訓練。當時二軍還是草創時期，由體育署輔導，球團代管替代役球員，聯盟辨理二軍比賽，就這樣將職棒二軍成立起來。

選手退役之後從二軍教練執教開始，讓我有機會從最基礎的二軍環境出發，藉由與二軍選手住在龍潭球場，一起訓練、一起生活、不斷接受訓練，來學習如何當一位好的教練。我想教練生涯是一個可以發揮的舞台，我當教練一開始的目標設定就是成為選手的助手，球員是主角，教練是配角，陪伴球員一起成長。

剛退役時，我個人體能狀態不錯，可以直接做示範動作給選手看。有一次體能訓練4.4公里路跑，大家的狀況不太理想，我就請二軍球員先休息，找一位球員騎著車陪我跑，跟大家約定：如果我的成績跟大家一樣那就可以休息，假設我跑的成績比大家好，大家就要重跑一次。結果我跑完比第一名的成績都好，二軍球員重跑一次，這是讓球員知道身教的重要性，也是當一位教練要去學習的地方。

在培養二軍年輕選手的過程，教練最重要的就是要以身作則，這樣才能讓選手信服。我剛進職棒第一年就有機會接觸到榊原教練，當時沒有二軍制度養成，就直接訓練接比賽來累積經驗，還記得我在練習時動作做不出來，就是看到一位已經快60歲的榊原教練親自示範給我們看行雲流水的接球技巧以及流暢感，讓我們有學習對象，有機會模仿。

我記得剛當二軍教練時常會**自我對話來提醒自己**「要當什麼教練呢？」接著我的直覺很快就浮出榊原教練過去如何指導我的畫面，然後我就會很肯定告訴自己我要跟榊原教練一樣的鐵血教練指導方式，用同樣的態度陪伴二軍選手成長。當選手時期就只要自己管理好自己，當我轉換教練角色就要開始重新學習，不斷去學習棒球教學知識，還記得榊原教練告訴我要當一位好教練的基本就是要讓選手問不倒、要有棒球專業知識，教練是要面對群體，如果只用自己選手時期的經驗去指導，常常就會有盲點，也會讓選手不知所措，造成誤會。

當一位好的教練基本能力要會設計訓練計畫，從年度、季、月、週、日，這五種訓練計畫擬定，因為棒球運動是團隊運動，就要了解自己球隊特色、選手特性，藉由訓練去了解每一位球員屬於什麼類型的選手，再從訓練計畫中記錄每位球員訓練的成長過程，再來修正訓練計畫，不斷去了解訓練執行成效。台灣棒球教材的書籍太少，就只好去買日文版的棒球教材書，再去報名地球村上日文課了解教科書裡面的訓練方法，使用在年輕球員的身上，加上過去榊原教練的指導方法，我想傳達給選手的是「**成功沒有捷徑，只有不斷學習，不斷去面對逆境、才能學習到自己的韌性**」。這樣的理念在往後的教練生涯中得到許多成功案例。

當菜鳥教練的第一年就有機會參與二〇〇八年亞洲職棒大賽的情蒐小組，也是第一次接觸韓國職棒現場並親自去看了韓國職棒冠軍戰，這是個很好累積經驗的機會，感謝當時秘書長邀請、副秘書長王惠民指導才能更了解韓國職棒的發展現況，也進一步了解情蒐工作重要性，像是如何分工合作，又或者如何藉由有效溝通去了解統一教練團需要的資料，進而朝正確方向去情蒐。一般來說，情蒐工作主要分二大部分：書面資料和影片剪輯，在當時只有兩位人力狀況下，真是一個大工程，所以必須大量精神投入，才能產出好的報告。這三個月真的讓我情蒐技能提升，才能創造當時統一在東京巨蛋球場對戰ＳＫ飛龍隊，賽後統一總教練呂文生在記者會上也提到有效情蒐才能多了解對手，也是獲勝因素之一。「**好的結果就是有好的機會**」，後續情蒐才能從草創時期，開始增加情蒐器材和人力配置。這次經驗讓我這個菜鳥教練更確認擔任教練的信念，就是要成為球員燈塔，指引正確方向，相信教學相長，才能看到自己的特點與不足，尤其**換位思考**是很重要的心法，因為好的教練要有改變的勇氣，更需要被討厭的勇氣。

二〇〇九年上半季結束，中入伸接任兄弟一軍總教練，他馬上邀請我上一軍擔任跑壘教練兼外野手教練。當時二軍守備教練都是要學習內外野訓練，所以自己在二軍一年半養成階段後，正式當上一軍教練。當時記得二〇〇九年總冠軍賽看到內野手比賽中守備失誤連連，當時開會有提醒分工的重要性，所以我都會私下鼓勵選手，而技術問題由專項的部門教練去提醒，這是職業運動管理重要的一環，互相尊重，分工合作，團隊精神。

二〇〇九年冠軍賽結束就發生了「黑象事件」，驚動了所有國內的球迷，許多球迷為此而傷心，而身為教練的我非常的心疼與不捨，我們在球隊與隊友相處的時間長，彼此有著如同家人般的情懷，看到球員為了利益傷害了職棒的舞台，斷送了自我的職棒球員前途，只覺得得不償失。

許多球迷可能還對那次兄弟象的宿舍集結有印象，當時大家一起來為球員們加油打氣，真的很感動，也給了我們很大的鼓勵，我親自下樓謝謝球迷，「我們跟球迷一樣很傷心，但這是我們的工作，不能選擇離開，留下來的球員教練們會更努力地打出感動的比賽，讓球迷再次走進球場、為兄弟象隊加油。」（注1）

二〇一〇年選秀選了20位選手，當時陳瑞振接任總教練帶領大家重新出發，還好各球團同意讓兄弟象多一名洋將名額，才會有競爭力。那年球季是一個很好的故事，兄弟象從一支季初大家完全不看好的球隊，到季賽間打好每一場比賽，一路過關斬將，最後拿下當年度的總冠軍，真正地跌破眾人眼鏡。這可以說是「沒有不可能，只要投入就會有無限可能。」

內野位置就四個，在那感動且神奇的一年，兄弟隊囊括了內野四個位置金手套獎項，一壘、二壘、三壘和游擊，不確定會不會後無來者，但至少印象中應該是前無古人。要拿下總冠軍需要團隊合作下才能完成，教練、球員要互相信任發揮有效戰力取得勝利。二〇〇九年黑象事件影響太大，當時就算最瘋狂的球迷可能也想不到當年還會有機會打二〇一〇年總冠軍賽，只能說球員們太厲害了，看到新進球員以及留下的球員們都配合很好，珍惜在球場上機會，看到球員專注投入的樣子，身為一個教練以他們為榮。當時是直落四場就拿下總冠軍。這麼一個不可能的事竟然發生在我們的身上，封王日又剛好是我生日10月23日，謝謝球員們為我唱生日快樂歌，這是我這輩子最棒的生日禮物。

二〇一〇年是一個非常記憶深刻又驚奇的一年，能從一支黑象球隊到隔年拿下總冠軍，陣中選手大換血幾乎都年輕球員居多，除了四位洋將加入，重點還在幾位老將以及恰恰帶領之下上下一心，突破重圍才能有好成績。當時還有個小插曲，由於缺員狀況嚴重，因此收到洪領隊把球員給補滿的指示時，對於我有機會再次回歸當球員內心有一股興奮和喜悅，想努力把握住，當下雖然體力跟不上，但我自認以自己不服輸的個性，一定會找出自己的訓練方式，訂下自己目標克服挑戰。可惜好景不長只興奮三天，就被告知有交換選手，球員人數已滿，我還是回去當教練，再一次當球員機會就這樣錯過了。事後回想這三天真的很投入訓練，或許應該要堅持下去，再打一年球員也好。但考量到當時球隊年輕球員居多，就想還是以團隊為重、就配合公司決策為主，用心投入在訓練指導球員上。

一支沒有球員的球隊，首要任務要把球員找到，再有效地訓練、配合比賽經驗累積，從失敗中累積經驗漸進式的提升，從自我做起，一個人做好，到一群人做更好，理念一致就能往對的方向邁進，二〇一〇年就是團隊合作的成功例子，一路從谷底克服困難、過關斬將，資深球員帶領著年輕球員往前走、加上洋將認同這支團隊，最後上下一心，一路不斷累積不少甜美回憶，球員被球迷肯定，最後球員們能了解自己的球隊是有競爭力的，不斷地克服困難，從失敗中找出方法，再從事件中累積經驗，得到好的方法堆疊起來最後成為當年總冠軍球隊。我相信不被看好的球隊要翻身沒有捷徑，就是不斷練習，靠著團隊合作意念，目標一致，不要害怕輸球心態，勇敢面對失敗，堅定意志才能走出低潮，唯有共好、共榮、才能邁向勝利之路。

二軍總教練任務是我教練生涯中最有挑戰性的工作，記得二〇一一年球季結束後，剛好體育署在二〇一二年要全力扶植職棒二軍的計畫，補助各球團金額提高到一千萬經費，發展二軍計畫，提升二軍球賽品質、增加賽程，相對提高補助費用給各球團，用來建立二軍更完善的制度，也減少球團的負擔。當時二軍要有人去應對體育署行政工作，因此二軍球隊教練除了教球，也需要有行政工作能力，或許因為這樣，當時我就被公司指派下來接二軍總教練的位子，當時在二〇一二年春訓一、二軍球員是一起春訓，春訓中我就開始規劃二〇一二年二軍訓練計畫、比賽計畫、體育署補助計畫，從中學習了許多與公部門配合的行政事務，了解法規。

二〇一二年就是用有限的球員來面對二軍的60場比賽，首先環境方面，我感受到的就是當時二軍環境，如果要跟國外小聯盟來比較的話確實是有落差。而在自我挑戰方面，過去選手時期只要面對自己，只要把自己準備好，能上場比賽就好，現在當教練就不行，要不斷地去觀察選手狀況，這點在剛開始壓力比較大，主要在於當選手時指導選手可能會比較能聊起來，開始當教練後反而感覺有一種代溝，所以需要去以身作則才能被選手肯定。我的觀念就是只要能勝利都是好方法，好的教練就是要看到球員在低潮時那種無助，要陪伴選手走出低潮，太多都是結果論，看到選手在低潮時真的不捨，二〇一二年春訓快結束時一二軍的球員名單應該都確定公布了，就看到球員幾家歡樂幾家愁，首先是有些仍留在二軍的球員開始有一些負面情緒，就會私下問為什麼在春訓打得不錯還是沒辦法上一軍名單呢？我會適時地告訴他們，我當了五年教練完全能感受到留在二軍的不滿，但其實教練團的決定一定有其道理，相信每位教練都不會想輸球，提出的一軍名單，一定就是想贏球的戰力考量。我告訴二軍球員們，那請問一下如果用大家的標準，那我應該算是表現不好，才被派來二軍陪伴大家嗎？再者我又告訴了他們，當我們無法控制上一軍的話，我們就在二軍環境好好訓練自己，把自己最好的那一面表現出來，「拿出毅力去為自己寫下一段故事吧。」

二軍球季開始之初，看二軍球員還是有些失落，但大家的目標都是在二軍打出成績準備好自己被一軍教練看到，因此每次練習都用最大的力量努力，畢竟唯有努力練習才能讓大家看到你的進步。另外二軍訓練也是自己堅定的意志力的訓練，如果在二軍還努力不夠就是準備要被這個環境淘汰。記得榊原教練教育我們從輸球中可以學習很多，自己不足的地方通常在輸球中可以找到問題，而找藉口怪別人、覺得自己都沒錯，這樣態度會讓自己加速被淘汰的機會提高。

兄弟二軍過去在二〇一二年之前的成績都不盡理想，我就告訴選手二軍賽程60場分成三個階段、每個階段20場、用戰績來檢視訓練的方向，從中找出問題，然而來解決問題。

第一個階段算是來檢視自己在平常練習是否同步訓練發揮在比賽中，主要是養成二軍選手的自信心，是要努力訓練自己強化，讓自己被一軍教練團看到在二軍有好表現，只要成績出來，隨時準備好可以上一軍的戰力。當時在訓練的過程中二軍球員遇到瓶頸時，我都跟選手提醒每一件事情都要「發自內心去完成去面對」。當然剛開始選手對我的信任度還不是很足夠，慢慢從訓練計畫中找出勝利模式，進而讓選手可以找到自己自信心，好的方法就讓選手開始找到自我的價值。好的訓練方法能夠提升個人的成績、可以讓自己的球隊拿到勝利。記得第一階段前20場真的是勝少輸多，我就告訴二軍的選手輸球就要更堅強，可以輸球但不能輸給自己。球員們可以了解真正要從失敗中成長才能讓自己變得更強，唯有有效訓練才能夠讓自己強化，才能讓自己球隊贏球。

第二階段利用二軍時期培養自我修正能力，當輸球時就是從中了解自己不足的地方來加強。舉例每日練習時間三小時輸給別人時，那就再增加兩小時，每天就多了兩小時的練習累積下來的時間就非常的嚇人，才能了解自己是不是有成長。這是對團隊的負責態度，培養自我負責任的態度，要有自我主動修正問題能力，不斷地去針對自己不足的地方去改善。第二階段開始就已經有五成的勝率，看到球員找到自我成長方法，當教練的我教學相長，有效訓練計畫，球員發自內心訓練與檢討，才能提升勝率。

第三階段從一個人去影響另外一個人，這是我在教練生涯中印象最深刻的一年，球員不只是主動練習，更要去影響隊友主動練習，從細節中去帶動被動球員慢慢地跟上腳步。當時的二軍選手不斷地自動自發去討論比賽中的問題，回到宿舍後自動去訓練。當時增菘瑋選手確實狀況不好，但他不斷地練習，隊友都被他影響而主動去訓練。獲得勝利就能夠找到一個自我價值。當然在第三階段開始就是連勝開始，球員努力有代價，當時順利拿下二軍的總冠軍的門票，感受到自己這一年間的努力中有得到很大的回饋，因為有了目標，就全力去訓練，讓自己準備好被一軍教練看到。

從前面20場敗多勝少，到勝敗接近，最後20場把勝場拉高，甚至提早拿下二軍季賽的第一名。二軍個人獎項差點全包辦，有十個獎項，兄弟二軍拿了九個獎項，這是給他們一種肯定，最後努力達成約定目標拿下二軍冠軍戰門票，看到這樣的結果二軍球員非常的開心，我個人也非常開心，原來年初所定下的目標，經由大家努力面對輸球、增加自我訓練，讓整隊的氣氛沒有因無法上一軍而怠慢，就一起在二軍享受比賽勝利樂趣，一起訓練甘苦、一起爭取二軍總冠軍戰的機會。當時選手問我總冠軍賽要準備什麼呢？我告訴他們二軍總冠軍賽是你們努力爭取出來，有沒有拿到總冠軍已經不重要，重要的是要大家只管去享受最後這幾場比賽，不要留下太多遺憾。雖然第一場在新莊球場輸球，我還是鼓勵二軍球員，謝謝你們讓我學習到許多我在教練生涯不足的地方，從你們身上看到大家堅持到底精神。不管結果如何，去享受比賽過程，我相信最後都會有美好的結果。我記得當時都沒有下什麼樣的戰術就讓全部的球員有機會去表現，我反而在他們身上學習許多，最後四連勝拿下二軍總冠軍。

我看到當年二軍選手身上，投入練習相信自己一定會有好成績，真的奇妙的事情發生：最後連續拿下四場勝利，終於拿到兄弟象在二軍首次總冠軍。看到二軍選手即使有三分之二都沒上一軍，他們在平常練習很努力投入訓練，在二軍球員團隊合作之下互相加油打氣最後拿到勝利，完全相信自己會成長，因為**運動員是沒有捷徑**，我知道有些球員的適應能力比較好，很快就有好表現，如果沒有再繼續努力訓練提升自我能力，若相對一樣沒提升很快就會被淘汰。很慶幸這些二軍球員離開兄弟象，之後十年間在基層教球都有不錯成績。

在二軍環境待久的選手們，就會擔心自己工作，要開始有準備離開職棒舞台後的人生，我就告訴球員們一個觀念，利用二軍的舞台來充實自己不足的地方，要有生涯規劃，提早做準備，努力以外要開始準備提早知道自己下一步方向。我告訴有興趣當教練的球員們，就要利用二軍的時間來做好準備，記得有幾個資深二軍球員，例如朱偉銘選手其實他進來職棒沒有多少年，但一直待在二軍，當時球員時期有些自信心不足，我就告訴他的體能狀況不錯，未來可以朝著體能訓練的領域去學習。當時就介紹一些體能訓練課程讓他去學習，可以拿到證照成為一個很好的體能教練，轉換跑道是需要勇氣。當時朱偉銘在二軍當球員還兼任體能訓練員，他真的很用心，不僅得到球員認同，也一直真的很努力在學習，要比賽又要訓練選手，又要學習專業的體能訓練知識，多方面的學習讓他成長了許多，才能在這十年間成為很棒的一位體能教練。當時真的非常謝謝朱偉銘幫忙，才讓二軍選手能夠減少受傷，順利完成整個球季比賽，最後順利拿下二軍總冠軍。

二軍總冠軍的這年真的影響我很深，我經常會用二軍的案例來鼓勵我自己，要不斷地練習，才能提升自己的能力。天才只有一時，**真正偉大的球員都是付出比別人多**。有一句話「比你厲害的人比你認真，相信就不用比較了」，就真的等著被取代了。我個人的經驗就是我在國際賽中漏接，進入職棒後每天訓練接三千顆球，才能走出來，才能夠拿到四座二壘手金手套、兄弟象的第一位新人王、一起創造兄弟二代象的三連霸光景。當然這個故事沒有斷掉，我用同樣的態度在其他的領域一樣努力，從教練、飛鏢總會會長、博士生、秘書長、到前基金會執行長，都用同樣的態度去面對。兄弟象的訓練座右銘「苦練決勝負、人品定優劣」，只有持續苦練才能保有競爭力，未來一定要用同樣的態度面對不熟悉的角色，努力去學習，被看見才能有價值。

當時我就這樣接下這樣二軍的任務，感謝球團給我機會學習。儘管當時二軍制度確實還不完整，與國外小聯盟是有一段距離，相信有行動就會有改善空間，從環境面來看是要球團獨立經營，發展到這幾年就是由球團獨立成立二軍，現在二軍跟過去比較確實進步很多。

現在二軍選手心態跟十年前有很多差異，現在二軍選手確實在好的訓練環境之下，不斷提升自己自主的觀念與技術的養成、好態度的培養，相信一定會有好的表現才能被一軍教練看到有機會上一軍舞台。年輕球員主要的心態，首先要有設定目標，再來確實的執行力，主動性訓練，二軍中生代選手無法升上一軍就要去了解自己為什麼上不去的問題，自己要從不足選項中去學習。從心裡的層面去著手，會是很好的方法。

與教練討論找出適合方式、提供一些建議，選手要有「**最好的安排需要有最壞的打算**」的觀念，來跟教練做溝通。選手要勇敢地去面對自己的盲點，努力去面對不足的地方，勇於接受挑戰，選手最怕的就是逃避問題，往往檢討別人比較多，會讓自己都處於負面的情緒下，之後就被環境給淘汰，當離開舞台之後再重新思考自己下一步，我想一切都太慢了。我就用我的經驗傳達給二軍的球員們，就是努力，從自己做起，比賽時要有自信，練習時要像海綿一樣不斷地吸收經驗、吸收知識、提升競爭力，在職業球場上主要面對的就是現實又殘酷的舞台，我想這就是職業運動員的宿命。

注1：https://youtu.be/o93Ex-eFoK0

◆教授專欄—方信淵◆

轉型領導

(transformational leadership)

根據Burns(1978)的論點，轉型領導是一種藉由提出更高的理想及價值來激發部屬內在動機的領導模式，而Bass(1985)認為是藉由擁有領導魅力的領導者，來激發部屬的才智，給予部屬個別關懷的一種領導方式。

轉型領導包含四項特質(Bass & Avolio,1994)：

1. **魅力：**這是指領導者懷有願景及使命感、可以展現個人魅力來得到部屬的尊敬與信任，進而激勵部屬的內在動機，提升部屬完成組織目標的使命感。
2. **鼓舞人心：**領導者會藉由演說、精神喊話等方式將願景傳遞給部屬，與部屬建立共同目標，並藉由情感上的鼓舞來激發部屬的熱忱，讓部屬可以發揮出更大的內在潛能。
3. **智慧啟發：**領導者會鼓勵部屬挑戰現狀，從不同角度來重新思考解析問題，為問題找出最佳的解方，以提升部屬獨立解決問題的能力。

4.個別關懷：領導者會同理部屬的差異和需求，並給予個別協助和指導，使部屬能成長與發展。

參考文獻：

Bass, B. M. (1985). Leadership and Performance beyond Expectations. New York:Free Press.

Bass, B. M., & Avolio, B. J. (1994). Improving organizational effectiveness through transformational leadership. Sage, Thousand Oaks, CA.

Burns, J. M. (1978). Leadership. New York: Harper & Row.

1-5 十年苦讀成首位「職棒出身棒球博士」

棒球博士真的是我人生中最有挑戰性的其中一項，首先要告訴大家的是我從小就是放牛班的學生，我在班上是一位問題學生，在課堂上學習都在課桌下度過，導致目前注音符號都不行，當我要轉學時，學校老師就問我確定要打棒球嗎？我說確定，老師就像鬆了一口氣，少了一位問題學生。

當我轉去台中市太平國小之後，更是傳統少棒模式以術科為主，自然課堂上學習就少了，整天就是練球，教室更是很少去。記得上國中之後學科一樣又是被放棄，記得每當進教室，老師第一件事就是請棒球隊同學不要吵到其他同學，這是我在國中最常聽到老師說的話，其實有很多球員很開心，不用上學科，其實長大之後就覺得這種方式對學生未來是不好的，結果高中是直接被請去圖書館自習，就是把時間過完就好。三年過去，大多就是在睡覺，當時的想法就是：只要把棒球專長學好，目標全國冠軍，就會有未來，當了國手，路就會寬闊。

十五年後回想起來真是浪費，這也是我想考博士班的動機之一。記得我在選手時期去考輔大在職碩士，當時是首位現役球員去報考在職專班，順利考上，利用三年時間完成，包括一年學分班二年碩士班課堂學習。二〇〇七年我很辛苦完成碩士學位，而在當了教練三年之後，好友何信弘老師建議我是不是考慮報考博士班，我思考了一年多，最後想努力去考，這也是在加護病房與媽媽的約定，請媽媽放心當天使，我會把媽媽的精神傳達到一樣單親家庭背景的人們給予他們希望，同時也感謝幾位貴人，讓我完成「站立」、「鐵鞋的翅膀」兩隻紀錄片，藉此跟同學分享，鼓勵同學們要打球更要認真讀書，不要像我一樣課堂學習浪費了十五年，在職之後再來唸書真的很辛苦。真的要謝謝當時有開設「超越達人走進校園」分享，安排我是運動達人進去學校跟同學分享，從此更多機會走進校園演講，不斷去分享運動的好處，不忘提醒運動也要讀書，不要浪費課堂上的學習，於是我就決定去報考博士班。

首次報師大筆試沒過關，第一階段就被淘汰，隔年再去報師大及國體大還是沒考上，最後一次就在義大犀牛當教練時，看到不用筆試，我再次鼓起勇氣，再去考最後一次博士班，只要書面審查有機會通過，就看口試表現，師大是一直都沒上，到最後二〇一五年國體大讓我有機會口試，終於考上，謝謝前五年不斷鼓勵我的師長好友們，叫我不要放棄，說真的當時我是沒有信心再考，就怕再落榜，一直覺得門檻太高，還好心想40歲了最後一次報考博士班，就利用半年準備口試的方向。進入博士班要先準備自己之後的研究方向要提出概念，這15分鐘口試的時間與教授們的問答真的緊張，結束口試之後我就回電給謝領隊，電話中提到義大的總教練換人，告訴我需要協助的地方。

當時回高雄就告訴自己不管會不會考上就平常心看待，可以肯定的就是這次是我最後一次考了。用破釜沉舟的心態去面對、至少我勇敢去面對，過程結論就等教授們的決定，放榜後收到入學通知書時非常開心，當時是義大職棒教練的最後一年合約，所以開學後每週五凌晨兩點要搭阿羅哈巴士，坐到林口體大學校大概七點左右，上早上七點50分的博士班課程，我就這樣持續了一個學期，當合約結束之後，我就直接專心研讀博士班課程。當時家住高雄，上台北上課就會住朋友家或朋友偉傑辦公室，這真的是苦讀，因為基礎不好，要在課堂上錄音、拍照、劃重點、請教老師、同學，這段時間真的

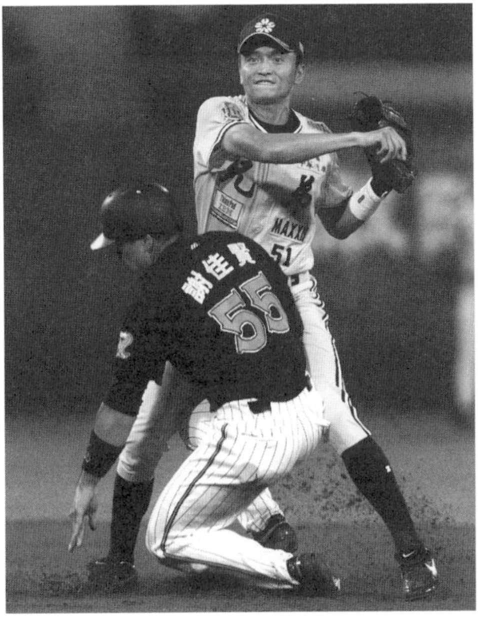
謝佳賢
55

兄 弟
MAXXIS
5

很辛苦，本來以為是考上就很難，原來真正考驗是考進來之後的課程，尤其要不斷地寫報告找資料。

寫報告真的很難熬，但相信只要細心去規劃自己的讀書計畫就勇敢的走下去，第一年設定要投稿期刊發表，學科要先修滿幾個學分，兩年內將學科的學分全部拿到，第三年就準備資格考，同時要訂博士論文的方向，第五年英文考試要達到畢業門檻。一步一步的進度規劃更能了解，如果沒有先把讀書計畫訂好的話，相信遇到突發狀況的出現，基本上就會選擇放棄學業機會比較大。

英文門檻對我來說真的非常困難，英文口頭發表，英文考試，這是對於我英文不好的我，真的是鬼打牆，接著當時又剛接中華職棒秘書長，球季結束時有辦了一個美國棒球學校指導投手營，因當時工作壓力非常大，又要準備英文口頭發表準備，記得在日本參加亞冠賽在早上五點30分起來背一小時的英文口頭發表，回到台灣持續三個月在家，一樣利用時間去背英文口頭發表內文要讓自己熟悉。終於時間越來越接近去韓國大邱發表的前一週，壓力大到我跟老師討論是否可以延期，因為我沒有時間做準備，其實怕自己表現不夠好，想擇日再去英文口頭發表。記得張育愷老師就走去他的書櫃拿了一本書，正是我送給他的書，我的自傳《鐵鞋的翅膀》，封面告訴大家我們不能輕易放棄，是我要傳達給大家正能量的一句話，讓我再次鼓起了勇氣，去面對所謂的魔王關卡之一，在24小時內台北大邱快閃行程完成。

人生第二魔王關卡就是我在二〇一七年3月20日接下中華職棒秘書長一職，指導教授鄭世宗教授馬上打電話問我是不是要辦休學，這樣你怎麼有時間分配到學校你要上課呢？二〇一六年就只剩下兩門課六學分就可以完成學科全部學分，我就告訴鄭教授我要完成學科學分，如果不行的話再請老師幫忙休學事宜，還好同學及老師們支持與協助讓我順利完成學科學分。而接下來設定準備論文題目是一個非常痛苦的抉擇，鄭老師給我很大的空間，我原先思考寫棒球政策應該會比較容易上手，當時又是秘書長資料取得會比較容易，但我最後決定的論文題目是「研究早產兒運動相關實驗，來研究運動對早產兒的益處」。因為剛好參加一次早產兒公益活動，我遇到陳治平醫師啟發了我想對早產兒這一塊運動相關的研究。尤其我從二〇〇四年至今都是早產兒基金會志工。我就當下立刻跟鄭教授討論同意之下，再去找張育愷教授

國際揚威
育磐石

國立體育大學
畢業典禮

討論博士論文相關早產兒認知功能的研究，這研究最難的地方是我要找30位8到12歲的早產兒小朋友做為研究對象，這部分則要感謝早產兒基金會幫忙找到，後續利用兩年時間完成數據研究，再投稿畢業門檻期刊的發表順利完成，之後利用一年時間準備口試學位，再到口試修改順利完成。這一路走來非常辛苦，謝謝許多師長們及同學們的協助，這裡有一個信念分享，告訴大家在運動場上的球員們課堂上的學習很重要，不要忘記運動場上的學習態度一樣可以用在課堂上的學習，才能相輔相成、自我提升。

我在這過程中學到什麼東西？就是當我在看到問題時，會用不同的角度去分析，去了解問題所在，需要有解決問題的思維，要堅持勇敢接受挑戰，用前五年準備考試進入博士班失敗了三次，在報考第四次時終於考上；用後五年堅持沒有放棄，跳出舒適圈，順利完成博士學位。這只是一個學習階段的結束，生活上的學習是一輩子，在此分享給大家：我是一位基礎不好的球員，但設定目標一步一步堅持走下去，沒有捷徑，利用時間，永不放棄的精神去完成設定的目標，十年磨一劍就是堅持下去，設定目標去完成，未來我會用同樣的態度去面對所有挑戰。

◆教授專欄—方信淵◆

以目標管理來探索個人職涯

一九五四年管理學之父彼得．杜拉克（Peter Drucker）在其著作《彼得．杜拉克的管理聖經》（The Practice of Management）提出「目標管理」的新概念，此概念主要是將企業的整體目標透過有組織、有系統的反覆溝通，逐級變為下屬單位的目標（陳建銘，2020）。

個人職涯規劃的目標管理步驟如下：

步驟一：探索

第一個步驟是找到自己的方向。棒球是老邦人生一輩子的開始，也是終極目標，老邦常問自己：「想要在這條路上完成什麼？」從小老邦就是放牛班的學生，棒球路上忽略的學習歷程，是老邦一直想要在人生過程中補上的一塊空缺。

步驟二：設定

第二個步驟就是設定動機，棒球運動的頂峰，老邦試著一步一步去達成，所以老邦努力積極在職棒場上的最佳表現，也接受了中職秘書長這職務的挑戰，在讀書上，老邦也幫自己設定了要努力爭取「博士」這學術頂峰上的桂冠。

步驟三：檢視

設定好目標之後，就要檢視完成這目標的過程中，有哪些可以量化的指標，設定幾項關鍵里程碑，便於追蹤進度，所以老邦訂下考上碩士班、博士班、修課、發表、英文門檻、研究計畫、論文口試，一步一步踏實向前。

步驟四：盤點

企業設定目標時，通常有相對完備的資源清單，對個人而言，也是一項一項的資源累積，包含人脈關係、專業知識、時間管理等。老邦在這歷程中，慶幸自己平時累積許多不錯的好人脈，往往能在老邦需要的時候，拉他一把，這也讓老邦期許自己，未來也能成為拉人一把的那個人。

步驟五：行動

將自己設定的長期目標，拆分成數個短期目標，這有助於提高執行計畫的信心，也能適時檢核自己，是否仍在往目標前進的道路上，不斷重複這些步驟，就能一步步實現職涯目標。

參考文獻：陳建銘（2020）。目標管理怎設定？4步驟企業、個人都適用。Cheers網路文章：https://www.cheers.com.tw/article/article.action?id=5097658

第二章

職棒二軍總教練的帶兵之道

2 職棒二軍總教練的帶兵之道

2-1 教練教的第一堂課：不服輸精神

職業球員在場上要面對勝負壓力，真的是相當具有挑戰性，棒球是一種團隊運動，位置分為守備、打擊，從內部競爭開始就要先爭取到先發球員，才能有機會下場表現，這一路面臨的挑戰非常多。首先是要先分清楚自己的目標，當然國小是可以從玩棒球開始，然而一旦確定要以競爭為導向，就要開始用不同的態度訓練，以我個人為例，一九九二年當時國二的我，清楚地看到自己的目標就是中華職棒，未來要成為一位傑出的職棒選手，也就在當時內心告訴自己說無論如何都要努力去朝著這個舞台前進。

球場上的狀態就是現實環境，首先要先學會失敗！為什麼這樣說呢？一位打者10打數３支安打，打擊率成算是一位好的打者，以職業球季一位先發打者一個球季大約會有４００打數以上，我們用４００打數為單位，要平均10次打３支安打，這樣４００個打數就會有１２０支安打，這樣就是很優秀的打者，但還是有２８０次的失敗，有７成失敗率，如何看待這樣的心理狀態呢？如何成為優秀的打者，首先要不斷地面對失敗，從失敗中找到問題，再從問題中找到方法，找到對的練習方法，就要不斷地反覆的練習，才能改進自己的缺點，接著再由比賽中檢視自己的缺點是否改善。看到如何成為一位優秀的打者要具備什麼條件？我想要從心理就是不斷地面對出局失敗，自我對話提醒自己，要「歸零」，持續練習才能累積經驗，最後才能掌控自己，在這一條路上已經不知道淘汰多少從小就懷有夢想要成為一位優秀的打者，就是因為無法面對失敗，而失去信心又找不到對的方法提升自己的技術，很多運動員就此離開棒球舞台，這就是棒球選手的宿命。

棒球屬於團隊運動所以要以合作為基礎，才能有機會創下好成績，不容許個人主義球員在場上影響比賽的結果，棒球比賽要拿到每一個出局數，都最少需要兩個隊友以上的合作才能拿到，最簡單的是投手要三振打者時需要捕手接球，才能完成三振出局數；而內野手接滾地球需要傳球給接壘包的防守員才能拿到封殺出局數，平飛球、高飛球也是要由投手投出打出去才能讓守備員接殺出局，大家都知道投手要投出一場無安打的比賽或是一場完投完封勝，都是需要後面守備隊員共同擋下所有快要安打的球，才能順利拿下27個出局數。

不斷地練習正確的動作，才能在自己的身上產生記憶；所有的訓練比賽都要全心全意的投入，才能讓團隊精進；團隊合作才能保持競爭力，才能爭取勝利的機會；自律才能掌控自己的品性，正念才能讓自我對話，面對自己，不斷地在場上激勵自己，面臨失敗時最好的方法之一就是自我對話，才能歸零勇敢面對挑戰，這是我在場上所整理出來的經驗。

許多人對運動員的印象就是競技場上的成績，不了解運動員生涯是很短暫的。不同項目有著不同的職業生涯，我比較幸運選擇的是在台灣被稱為「國球」的棒球，是比較有機會被看見的運動項目，又有職業舞台，相對來說，其他項目就比較短暫且更沒有保障，更別說一路上被淘汰的球員。

我用我進入職棒時心態與各位分享，我是一位早產兒，本身恢復能力不佳，所以我就要求自己在球季中就是不熬夜、不喝酒、有時間就要休息、專注身體的恢復能力，在場上的自律性態度要強、主動學習知識要強烈，這是職業球員基本態度，我個人非常敬佩美日職棒球星，尤其鈴木一朗更是職業選手中的典範球員，從技術的表現，他看待自己的工作態度，不管在場上、居家生活規範都是非常嚴謹，這是一位頂尖運動員所具備的條件。

國內選手也有代表性人物，就是我的學弟彭政閔。恰恰自律性確實值得敬佩。他在剛進入中華職棒時前半年都比較少在先發名單上，當時我有問過榊原教練為什麼恰恰不能馬上在先發名單上？當時他說恰恰是未來兄弟不動的第四棒，要讓他基礎打好，才能扛得住第四棒的位子，果然榊原教練眼光是對的，不斷地讓恰恰了解打職棒不是一個簡單的事情，而是長期球季的比賽中，在生理、心理都會碰到極限，要學會調整自己，假設用業餘時期的心態來面對，職業球季相信很快就會走下坡。榊原教練先讓他了解他是球隊的重要角色，也讓他知道球隊需要他是能帶領著球隊拿下總冠軍的重要指標性人物。所以當看到恰恰處於撞牆期甚至懷疑自己能力的時候，榊原教練用他的執教經驗來激發恰恰，不斷地藉由特訓來激發恰恰不服輸的精神，才造就了屹立不搖快二十年的中職先生恰恰彭政閔。

兄弟象第二次三連霸榊原教練給我們最重要的教導就是**日本野球的精神，強調場上要不服輸**要不害怕失誤，因為害怕心態反而會造成連續失誤、進而影響隊友，最後導致球隊輸球。榊原教練的指導原則，不只能應用在場上，也可以影響到往後人生的道路，我在職棒場上二十一年經歷了許多的困難，都能不斷地去克服困難、面對低潮、走出自己人生的價值，因此建議每一位想進入職棒殿堂的球員們，如果沒有目標設定、主動的態度，這樣在職業道路上會走得很辛苦，因為職業運動環境就是很現實，如何掌握當下的機會讓教練安排你上場，機會來臨時相對自己是不是準備好了呢？我剛進職棒時遇到棒球先生李居明前輩，他當時問了我一句話：「當職業選手你會選擇10場成績很棒或是選擇90場穩定的表現？」當時我選擇了90場穩定的表現才能在職業棒球的舞台上被看見，因為職業運動跟短期盃賽的差異性不同。所以我知道這樣的觀念之後，不斷地提醒自己「**穩定**」才是職業選手要追求的方向，相對進入職場也是一樣用穩定的態度去面對挑戰，場上的成績就是績效，不進則退，戰場上不會有人可憐我們，就是不斷地往前走，不要有太多的負面想法，就歸零想法。跟棒球打者一樣，當球打出去的時候出局，沒有建功就修正一下，準備下一次的打擊，重新調整自己的心態。

◆教授專欄—方信淵◆

關於自律

自律是指個體能夠自我控制和自我管理，以達到實現目標、執行任務、遵循規則和道德標準等方面的能力。自律需要個體具備一定的自我意識、自我調節、自我激勵和自我回饋等能力，能夠自我監控、自我約束和自我指導，從而實現自我管理和自我掌控。自律能夠幫助個體更好地適應社會和環境變化，提高個體的生活品質和工作效率。

對於運動員來說，自律是非常重要的，重要性如下：

1.提高競技水準：自律可以幫助運動員更好地控制自己的訓練、飲食、作息等方面的行為，從而更好地保持身體健康、提高身體素質和技能水準，以達到更高的競技水準。

2.建立信心和自尊：自律可以讓運動員更好地實現目標，

達成成就感，從而建立自信和自尊心，提高運動員的精神狀態和心理素質。

3.培養職業道德：自律可以讓運動員更好地遵守比賽規則、尊重對手、維護公平競爭，從而培養運動員的職業道德和道德素質。

4.增強耐力和毅力：自律需要運動員付出更多的努力和耐力，不斷克服挑戰和困難，從而增強運動員的耐力和毅力，提高運動員的抗壓能力和應變能力。

5.塑造形象和品牌：自律可以幫助運動員保持良好的形象和品牌形象，為自己贏得更多的支持和認可，同時也對整個運動產業的發展起到積極的推動作用。

對於運動員來說，自律是一種必要的素質，能夠幫助他們提高競技水準、塑造形象和品牌，同時也能夠培養職業道德和道德素質，增強耐力和毅力。

也因為運動員具有自律的特質，再加上高度的抗壓能力，對於企業來說，往往是一股組織內部的穩定力量。近幾年來體育署推動運動人才媒合，也就是希望透過線上平台，讓企業與退役運動員，都能找到適合人才與良好的工作環境。

體育署為鼓勵企業共襄盛舉，只要每「新」聘任1人，企業舉辦員工運動休閒活動就享有補助，最多可申請3人、最多90萬元的活動補助，因此這政策的推動不論是對於企業或退役運動員，都是很好的機會。

2-2

面對失敗快速「歸零」

職棒選手在美國職業棒球大聯盟（Major League Baseball，縮寫：MLB）的等級，依實力區分為八個級別，由高而低依序：大聯盟、3A（AAA）、2A（AA）、高階1A（Advanced A）、1A（A）、短期1A（Short A）、高階新人聯盟（Rookie Advanced）與新人聯盟（Rookie），能打到美國大聯盟等級的選手是非常困難，要夠頂尖，當然也有許多選手一生都無法達到大聯盟。王建民選手在升上大聯盟前，大概花五年以上的時間才能掌握到大聯盟先發投手的機會，投出成績才讓教練看到他的好表現，符合球隊需要的戰力，才為自己爭取到下一次先發投手的機會。二〇〇六～二〇〇七年王建民在紐約洋基隊投出連續兩年19勝的成績，是非常不簡單的紀錄，這期間就是王建民個人有很強烈企圖心，讓大家看見他的投球實力是值得留在大聯盟球隊。要上大聯盟需要3A教練球探內部評估報告是不是夠優秀，才能有機會被推薦上大聯盟投球。相對的，從新人時期進去美國職棒的球隊，近年來許多台灣選手很努力的打拼，但升上大聯盟的台灣球員機會不多，近期只有張育成選手，他在二〇二二年換了四支球隊，二〇二三年加入波士頓紅襪隊，還在繼續努力留在大聯盟舞台上。

大聯盟的舞台是屬於棒球界最高的國際舞台，全世界所有棒球員競爭的舞台、許多選手的夢想舞台，但會有多少球員能上這個世界舞台呢？從心理層面來分析就要先承受「孤單」。旅外選手先要適應美國生活習慣，語言、種族、餐飲，基本就要去一一克服生活上的不方便。然而在場上面臨隊友內部競爭，從教練所分配下來的上場機會，去掌握每一次的機會，當面對失敗時就會擔心會不會被取代，還要解決一個很現實的問題：英文主流的地方，就從溝通上需要做足功課才能很快融入這個團隊。小聯盟每個階段的養成難度不同，相對待遇不同，這就是一個職業運動的價值，而心理成熟度堅強的人，才能成就一位偉大的球星。

「台上一分鐘，台下十年工」這句話在職棒場上非常的貼切，記得王建民二〇〇六年19勝時期球季結束後，我有去洋基球場參觀，問過王建民說洋基球場滿場是多少人？他回答5萬人左右。我又問他投球時心裡在想什麼呢？他一貫的回答很短：就是專注捕手的暗號上，及每一個步驟上面，反而聽不到整場加油聲音。哇！最高境界，這是可以成為一個頂尖選手的特質。舉例職業網球在發球前請球迷不能有聲音的狀態，在安靜進行發球時球員能專注的表現。

頂尖球員在頂級舞台上就要具備心理成熟度的特質，自律性要非常強烈，面對失敗時如何快速歸零，面對表現不好時，心裡當下要自我對話鼓勵自己。在面對自己受傷時要如何復健的心理課程，就是如何面對再回到球場上的表現態度，遇到任何逆境都是需要做功課去調整自己的心態，所以我常提到心理功課是很重要的課題。當選手替自己找台階下，我相信就開始要選擇逃避，在無法上場時，時間一久，就開始懷疑自己的能力，許多旅外選手就會告訴自己回來台灣打就好，其實這就是給自己找退路、無法有持續往前的力量。這樣的挫折只有旅外球員很清楚，其實當有這樣的心態養成時，到任何舞台都會用同樣的心態去看待，舞台層級只會越來越低，到最後就被環境淘汰，職業運動舞台就結束了，只能重新面對自己人生的舞台。

職業球員能站在大聯盟的舞台上發光發熱是非常非常不容易，因為挑戰性很高，職業選手面對自己工作態度要非常的投入，長時間的比賽就是一種挑戰，保持一整年好的身體、好的狀態，相信不可能沒有不酸痛的身體狀態，如何去適應身體的酸痛，而不會去影響場上的表現，了解自己狀況與防護員的合作溝通就很重要。早期會不敢說自己痛的地方，硬撐造成運動傷害反而影響自己及球隊，近年來許多國外球員的觀念回歸，運動傷害的觀念比早期提升許多，選手自我保護機制提高，球團更重視防護團隊完備器材。

職業運動員掌握任何上舞台的機會，當有機會時無論如何咬住不放開，面對低潮時要如何很快走出低潮，這是很重要的功課，面臨長時間比賽及訓練，準備好自己隨時等待機會，當面臨被換隊或是運動生涯結束時的壓力，就是更大的挑戰。相對以我個人也是運動員出身在體制內出來的棒球選手，我用這十四年的累積經驗，來告訴大家職業級選手在享受掌聲後，才是人生自己的另一個階段的開始，從場上的學習態度成為一位職業選手為目標，到達標之後被球迷肯定支持掌聲，自我要求態度很重要，用同樣的態度去探索新的技能，能去找出自己另外一個職業舞台，能被企業主看到職業運動選手的價值，用態度寫自己的人生故事，我可以了解這就是運動員退役之後沒有特殊性，因為社會是現實，跟球場上一樣，機會是不等人的，要主動去創造機會，才能了解自己的價值，千萬不要忘了自己的優勢就是不服輸的態度，能不斷地勇敢面對失敗，最後發揮跟職業選手一樣的精神抗壓性創造出來的運動員的韌性，這就是運動員和一般人的差異性，但運動員一旦離開了球場上的舞台就缺少主動性學習，反而要有更強大的意念與社會上的連結，提高學習被認可、勇敢主動學習、利用自我影響力去自我學習，這樣就能開創自己另一個人生的賽場。

我想用我自己的經驗跟讀者分享，因為運動員就要跨出與社會的連結，才能走出自己的價值，基本就是如何不斷地去學習，才能不斷地提升自我價值被看見，運動員在社會上有不同認可，不會被預設立場「頭腦簡單四肢發達」的刻板印象，這都是雙向去努力被看見，相信自己設定好目標朝著正確的方向執行，全心投入，相信會有好的結果出來；相對的是過程很重要，不斷地訓練才能練出一身好技術，一樣不斷地去學習，不斷地去練習，相信會在過程中感受到成功的喜悅，勇敢去面對不安定的挑戰，就能深刻體會到自己的韌性。

◆教授專欄—方信淵◆

心流體驗

心流是指一種處於全神貫注狀態的體驗，是人類精神活動的一種高度自我感知的狀態，是生活中令人愉悅的一種狀態，它讓我們能完全沉浸在當下，變得更有效率和快樂。在心流體驗中，人們會感到完全專注於某項活動，忘記了周圍環境和時間的存在，感覺身心一致，享受到一種愉悅的感覺。

心流體驗最初是由來自匈牙利的心理學家 Mihaly Csikszentmihalyi 在一九七〇年代時發現：有些人會工作一整天之後，竟然還精神抖擻。他很疑惑，因為工作應該會消耗能量，所以這股精神能量又是從何而來呢？於是，他開始研究特別有「創造力」的人，包含頂尖運動員、音樂家、學者……他們的共同點是自己有時候會進入那些精神抖擻的狀態，極度專注、完全沉浸其中，完全忘記時間、忘記飢餓、忘記所有不相干的身體訊號（台大幸福感中心，2023）。也因此，他提出了心流（flow）的概念，他認為，心流體驗是一種完全專注於某項活動的狀態，這種狀態可以帶來強烈的滿足感和幸福感，同時也可以提高個人的創造力和表現力，更能從中得到極高的滿足。

心流體驗通常發生在人們參與某種高度挑戰性的活動中，比如繪畫、寫作、跑步等。在心流體驗中，人們往往會忘記自己的身體感覺，不再關注自己的思維和情緒狀態，而是全神貫注地專注於當前的任務，享受到一種自我超越的感覺。

心流體驗對於人們的心理健康和幸福感非常重要，它可以幫助人們感受到更多的積極情緒，同時也可以提高人們的創造力和表現力，讓人們更好地適應生活和工作中的挑戰。

而心流體驗有以下幾個特徵，下次如果你在活動中，也有了這樣的感受，不要懷疑，你也體會到心流體驗了。

心流狀態的特徵包括：

1.活動目標明確，有明確的挑戰和回饋；

2.活動難度與個體技能匹配；

3.個體感受到對活動的掌控力；

4.注意力高度集中，沒有分散的雜念；

5.時間感變慢；

6.感受到一種愉悅和滿足感。

參考文獻：

Csikszentmihalyi, M. (1990). Flow: The Psychology of Optimal Experience. Journal of Leisure Research, 24(1), pp.93 - 94.

2-3 永遠目標「0」失誤，從錯誤中不斷修正

「0」**失誤**在工安上是一個非常重要的目標，不只是口號，從這三年的疫情期間，前兩年台灣一直都是追求清零，記得當天是零確診時，國人就是會說嘉玲嘉玲這樣的口號。

記得我都會用一個工地安全守則跟球員分享，從一個工地的場所，牆上都會有注意事項的守則，其中我印象深刻的地方就是「0」工安意外，是大家的目標，順利完成建案。我就請教工地主任，這句標語雖然普通，但是很不容易達成，目標的設定是很重要，上工前就是要提醒每一位員工。我就轉念在自己訓練上面，在練習時就要求追求「0」失誤，才能不斷地提醒自己每個訓練的重點，要注意每一個細節。這讓我回想一九九九年自己在關鍵時刻漏接被球迷記住一輩子，到現在回想起來，會告訴自己為什麼不注意場內的風向？為什麼不要很快跑到定位等球下來？為什麼平常很容易接的內野高飛球，平常練習一千顆說不定都可以接到，為什麼這次重要的比賽漏接了？為什麼自己那麼不小心呢？只要多注意這些細節，就不會因球下降的速度跟

預期的不一樣造成漏接。失誤留下遺憾，就好比工安意外發生一樣，每當意外發生之後，再來告訴自己早知道我要怎麼做就可以預防，這就是事後的語言。

我會用自身的案例跟球員分享，因為這樣的提醒很重要，回想榊原教練在平常守備練習時，非常嚴謹注意每一個訓練流程，同樣重視每一位球員在訓練時全心投入的態度，一點都不能怠慢，當整體守備訓練時看到有球員不專心或態度不佳時，會重新回到原點，會回到最早的熱身模式重新開始，就是說一個人不注意會影響整個球隊訓練的時間，這是一個團隊，只有共好、共榮、不容許有個人主義的態度產生，這就是榊原教練傳達給我們的態度。

同樣的，當每年的失誤只要要求自己每一年只要少一次就可以了嗎？目標設定很重要，如果目標設定太高達不到不是更失望嗎？我在那次漏接後自我設定「**哪裡跌倒就要哪裡站起**」，我當時設定目標五年內要拿一座金手套，讓大家看到一位重新站起來的球員，第一年春訓是一個嚴格考驗，只能不斷地訓練守備練習、不斷地守備特訓、不斷地接滾地球，就是一個很堅定的信念「為了不要讓球隊因守備失誤造成輸球」。剛好在進入職棒遇到榊原教練指導我們技術成長的方法，又看到當時快60歲還能接球做示範，讓我在新人時找到自己未來要用什麼態度成為場上被球迷認同的球員，也看到未來的我要走的路，慶幸我做到了，我不只在球員階段設定的目標五年內拿到金手套，反而是五年內拿到四座金手套，雖然二〇〇〇年守90場游擊手結果34次失誤當時本土失誤最多，但我沒有失望而逃避，反而更加努力地去面對，用更多的精神與教練團去討論改進方法去解決，當時榊原教練一直提醒**練習的心態與比賽時的心態要接近**，不能落差太多，這也是造成許多無法達到目標的因素之一。

教練時期我傳承了榊原教練的精神，二〇〇九年總冠軍賽時守備失誤過多，造成當年沒辦法拿下總冠軍，當時我是跑壘教練，無法指導他們，因為當時有守備教練，教練會議提醒分工負責，我必須遵守規定，把自己當下的本分做好，就只能多鼓勵球員。二〇〇九年兄弟奪冠失利後教練團改組，發生黑象事件造成戰力不足，我在二〇一〇年又接任內野教練，記得王勝偉、陳江和來跟我討論如何改善降低守備失誤，我就用自己的案例告訴他們：失誤不可怕，最怕失誤不敢去面對，找理由怪場地不好。二〇〇九年秋訓他們下定決心要從二〇〇九年總冠軍賽失誤的陰影走出來，我說：「我會陪你們走出來，勇敢去承擔，就像當初我在一九九九年漏接之後，進入職棒的時候榊原教練吳思賢教練的陪伴，才能順利走出陰影。」同樣我用自身經驗分享給他們，只有不斷地練習才能走出來，之後二〇一〇年「勝龜連線」封號讓球迷有定心丸。我們討論在二十天秋訓期間設定接一萬顆球，修正不足的地方，利用秋訓來打基礎，強化技術體能、身體記憶，感謝當時一壘手恰恰彭政閔、二壘手陳江和、三壘手黃仕豪、游擊手王勝偉，真的很努力的完成這些課程，終於從團隊設定目標之後、執行期間、遇到撞牆期，我就會用鼓勵、自我激勵的方式去陪伴他們走出來。經過一年後，在二〇一〇年總冠軍賽以失誤最少拿下總冠軍，完成使命。

我相信從哪裡跌倒從哪裡爬起，我就是最佳寫照。相信自己，勇敢面對挑戰，成功機會就會到來，這些案例都是我個人從球員時代、教練時代的故事分享給大家，失敗是接近成功之路重要的養分，每個目標設定要用最強大的意志去完成目標，才能培養自己的韌性，提升自我的價值。在練習時要放大自己的缺點，才能像海綿一樣吸收水分；比賽時要細心大膽，放大自己的優點，用最自信去面對比賽，「**我可以，我準備好**」去面對比賽的任何狀況。記得從事件中學習到經驗，不能從事件中找理由、下台階，這樣會影響自己的成長因素。

◆教授專欄—方信淵◆

運動員的生涯規劃

運動員不只在選手生涯的訓練歷程中目標設定很重要，退役之後的目標設定也很重要。因為運動員的職業生命有其限制，少數人才能一直在球場上工作，從球場退役之後，就需要找出自己另一階段人生的舞台。

選手訓練環境封閉，加上運動員大多缺乏對社會的想像，且選手職業風險極高，若再加上沒有提前規劃生涯，很容易在對一般人來說，還正值年輕時期的30多歲退役後，就感到無所適從。從30歲開始到65歲退休前，至少還有一半的人生，選手又該怎麼過？也因此，不管在中華職棒聯盟秘書長或者在桃園市體育發展基金會的行政職務上，老邦都一直相當關注、並協助推廣運動員生涯規劃的議題。

在此分享老邦的好友，中華民國運動員生涯規劃發展協會曾荃鈺理事長所提出運動員在進行生涯規劃時的兩個重要概念，希望對於年輕運動員有所啟發。

概念一：生涯規劃應該是爬「方格架」而不是爬「直梯子」

曾理事長認為，運動員的生涯規劃應該要想像成是爬方格架而不是爬直梯子，很多選手認為晉升只有一條路線，先當選手後當教練，沒有別條出路，但是教練的職缺有限，前面也有學長，你在往上的過程中不得不盯著前面人的屁股看，如果無法超越，也無法跟其他人合作，覺得壓迫感特別重。

但是，生涯規劃其實是在爬方格架，你可以先往右邊水平移動，再慢慢地往上走，你也可以先往上走再稍作停留，你其實擁有很廣闊的視野，不是只有最前面的人才能看到最美的風景，這個世界其實有很寬廣的可能性，因此要明白這件事情，就需要生涯規劃。

概念二：找到自己應對未知最舒服的定位

除了幫助菁英選手轉換跑道之外，中華民國運動員生涯規劃發展協會也深入國高中的體育班，以年輕選手的生命故事帶領學生運動員思考，讓他們看到未來多樣的可能性，「陪伴」運動員，透過實際的案例和課程活動，讓他們能用全局的思考模式看到自己與社會的可能性。

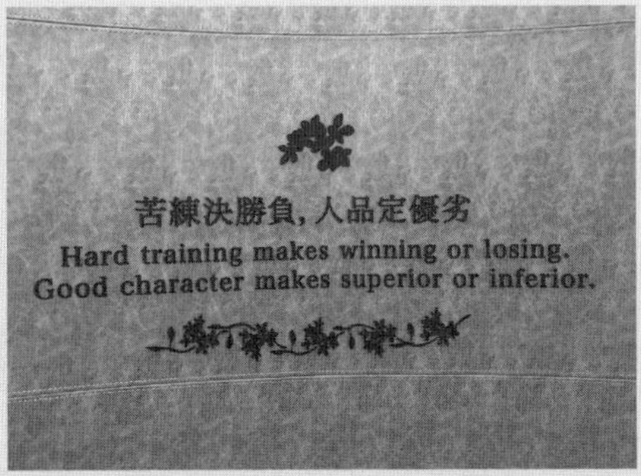

2-4
球員最重要的品德教育

職業選手的品德教育是很重要的，過去在國內發生許多的黑歷史，包括我在球員時期都有些選手不愛惜羽毛，造成不能在球場上繼續發揮，真的很可惜。在我兄弟象職棒隊報到時，就常聽到洪瑞河領隊不斷地提醒球員們要注意個人的品德，身為職棒球員是一位工作表演者，簡單來說就是公眾人物，就要有被約束的地方，就有社會責任。舉例：高志綱從加入統一獅隊之後，他自我要求非常高，常常參與公益。彭政閔他在球場上的態度非常的執著、自我要求高，到球場會親自把球棒手套等用具整理好。他有一個小祕密就是提供使用過的球棒出來做公益活動。他在球場上對教練、學長都很尊重，對學弟們很照顧，這些小動作都是來自他父親的教育觀念，恰爸是恰恰啟蒙教練，也是他的頭號球迷。

彭政閔對父親很孝順、對人客氣，真的是從細節上看到會成功的基因。回想我在二〇一二年離開待了十四年的兄弟象時，第一個接到恰恰打電話給我、主動關心我、請我一定要加油。這句話我一直放在心裡，謝謝你當下的這一通電話溫暖了我，讓我有繼續往前走的力量，我們在通話的過程中我掉下了眼淚，他就是這麼一位很有溫度的一個人。

我永遠會記得他當時的提醒與鼓勵，我們在美和中學、中華隊、兄弟象隊，超過二十五年以上的情誼，他告訴我要繼續堅持對棒球的熱情，互相加油，不管在哪一個球隊，大家都各自堅持對棒球環境的方向努力，未來有什麼需要大家互相幫忙。他的話到目前為止我都放在心中，不斷提醒自己要記得初衷。

不斷學習成長，未來有能力可以幫助別人的時候，我們會一起為台灣棒球盡一份力量，在社會上自己要做手心向下的事，可以幫助認真的人，成為他們的貴人。因為我在過去遇到人生十字路口時，都有神救援的貴人，才能讓我有繼續往前走的力量，當時的提醒讓我有一種使命，就是不斷要求自己要有好的品德，才能被肯定、被看見。

我要告訴大家堅持一件事是很不容易的，因為生活上有太多誘惑，過去發生一些職棒簽賭黑歷史，就是有些球員把持不住，斷送自己的運動生涯。職棒球員的社會經驗其實是相對單純，我記得大家的生活圈就大多數是學長學弟，比較少外界接觸的人，最大多數球員就是專注在球場上的付出。當然不好的習慣養成之後，就會造成行為上的偏差，造成許多負面的新聞出現，球員這點就是要自律性要求高，相對的就是要犧牲自己的空間，這是身為一個公眾人物的社會責任。職棒球員就是專心在球場上成績表現讓球迷肯定，才能在場上打得愈久，我相信只要努力就會有機會在舞台上發光。

職棒球員在品德上是不可不去注意，因為完全是小朋友的榜樣。美日球星鈴木一朗就是他個人的自律性非常高，每個細節做到位，真的是值得大家去學習的對象。看到他引退時被球迷擁護一切都值得。

當然也有負面案例，旅日投手張誌家，他是球迷口中天才型選手，二〇〇一年世界盃國際賽中爆紅，隔年加入日本西武獅隊，展開旅日球員生涯，可是好景不長，來得快，失去得也快，沒有珍惜機會，愛惜羽毛，他在旅日生涯時間很短暫，就回來台灣加入中華職棒，真的太可惜。相較之下同樣是旅日球星許銘傑投手就很努力待在日本職棒發展，對自己自律性要求很高，在日本職棒能保有競爭力。兩者比較就可以看出，同樣的環境培養出不同人格的選手，有好的品德就會有目標來堅持自己的機會，不重視品德的選手就會很快失去舞台的機會。

現在看到張誌家選手的前半生是可以讓年輕選手當成借鏡，相信他的前半生經歷讓他個人受到許多批評，現在看他的新聞，他不斷在學習改變，用他前半段經歷去慢慢改變後半輩子的生活，大家要相信一件事改變是需要勇氣，不管過去犯下的錯，只要有想改變，開始正視自己人生道路上的意義，這是他未來要去努力的功課，我想只要有想改變，相信球迷都會給他機會，未來希望他能夠堅持好的一面，在改變後讓球迷再次肯定他。

過去的假球事件中，有些學長、學弟確實生活過得辛苦，在早期職棒環境確實不太理想，制度面不完善造成傷害，這是早期學長們的宿命，但最後還是要有好的品德，才能讓球員生涯有好的發展。

我記得過去在黑象事件的時候，曾經被一位球迷在路上叫出我，馬上就告訴我：「身為一個教練你看不懂球員在場上有打假球的狀況嗎？」記得他在指責我的時候，首先我先跟他說：「謝謝你們的支持，我跟你們一樣很傷心，因為好的環境被破壞。」我告訴他：「你們可以選擇不進來看球，但是我們不能選擇離開，因為那是我們的工作。」我說：「我們這些留下來的球員、教練們會努力地打出感動的比賽，讓你們再回到球場來為這些努力的球員們加油。很多事情確實需要換位思考，大家都是為中華職棒未來發展好，希望有更多的球迷進場為他們加油打氣。」

職棒球員的責任，首先要從品德教育做起，是會幫助你在球場（職場）上得到許多貴人們的幫助，就是不斷地提醒自己換位思考，體會品格至上的自在人生。

◆教授專欄—方信淵◆

品德教育

職業選手的品德很重要，但運動員的品德，從學生運動員時期就要紮根。運動場上是論輸贏的地方，每位運動員上場都想獲得勝利，但是勝利則必須是在一定的規範（運動規則）下，憑藉實力獲得。若是在學生運動員的養成過程同時養成優良的品格，未來運動員在就業職場上也會受到肯定，許多企業家喜歡任用運動員，除了運動員的自律、抗高壓的能力之外，更重要的是運動員們在激烈的競爭過程中，能用光明磊落的方式去解決棘手的難題。

各級學校都在做學生品德教育，但大部分都是用上課講理論、邀請名人演講、影片欣賞等方式來進行，實踐大學方信淵教授創辦「公路上的公民課」，自二〇一五年開始，二〇二三年已經進行第九年，每年活動期間，老邦只要有時間，一定親身參與。

「公路上的公民課」是每年會在寒假期間，在網路上募集一些社會資源，然後方教授在網路上號召全國大專院校的學生組成步行團，以負重徒步的方式，去一一拜訪沿途經過的偏鄉部落學校，把這些社會的愛心，轉贈到偏鄉部落去，每年活動大約7至9天，徒步超過100公里。二〇二三年，老邦剛好碰上卸下行政職務的空檔，騎著單車，從台北出發，繞了一圈，騎了750公里，在花蓮才追上正在公路上步行的他們，親身參與這一年一度的盛會。

這公路上的公民課，其實不只是把物資捐贈到偏鄉學校這麼簡單，根據方教授的說法，「公路上的公民課」真正的形狀，第1部分是物資捐贈，第2部分是社會企業的參與，第3部分是參與成員的自我成長，是個1＋2＋3的複合式組成；而公民課從二〇一五年的第一屆發展到二〇二三年的第九屆，已經從一開始的百分百的1，轉變成

3大於2＋1，2又大於1的變形。不論是白天在公路上徒步前進的公民課，或者是晚上在借宿的教室中討論社會議題的夜間公民課，都有精彩絢麗的火花。

這也就是為什麼，每一年寒假，都有許多的大專青年擠破頭報名參加這免費的活動，如果您也有興趣，歡迎上臉書粉絲專頁「公路上的公民課」，不論是報名參加，或者是物資捐贈或小額捐款來支持他們，都能創造出一圈又一圈善的循環。

參考文獻：
「公路上的公民課」粉絲專頁：https://www.facebook.com/civics.on.the.road

2-5

正面溝通，爭取球員教練的認同與信任

在職棒環境中我擔任過三種不同的角色：球員、教練、秘書長，每一個位置都要非常小心，不然很容易就會碰到地雷。首先球員角色要經歷隊友、教練的衝突，二〇〇七年我個人球員時期的最後一年，其實是在場上最低潮的時候，當時看到一則新聞報導，總教練訪問時有提到我因為受傷而沒辦法上一軍，我看到新聞之後就上去台北請教總教練：明明我沒有受傷怎麼會說我受傷呢？

我當時是因為媽媽在病房看到新聞，就打電話問我怎麼受傷她不知道，我就安慰媽媽沒事，也因為這樣原因就去跟總教練理論。站在球員角度去思考比較不太理想，之後我當教練時才能理解總教練面對的壓力不比球員小，因為球員只要面對自己，教練就要對上球員及領隊的壓力，是不一樣的，所以這次事件都是因為自己當下的情緒所造成的衝突，反而需要花更多時間去修復關係，如果讓我能重新回到當下的話，我絕不會選擇正面衝突去爭一口氣。我當時被情緒影響做錯誤的決定，包括二〇〇六年觸身球事件，都可以用更好的溝通去面對，如果當下自我對話，一句「**沒關係、慢慢來**」就會將情緒緩和一些，再來做決定。真的想藉此來告訴曾經與我有衝突過的夥伴們，年輕時不太懂得禮節所造成的誤會，跟大家道歉。這是當時間軸拉長，自己的人生經驗增加，回想過去的自我，確實年輕球員都欠缺思考，更沒有全面性的思考，反而用自我本位去想，常常去檢討別人，造成許多當時不必要的衝突、造成許多誤會。

在教練的過程中，也有遇過幾個衝突影響我，印象最深刻的是：我離開待了十四年的兄弟象球隊，二〇一二年我當時擔任二軍總教練，當年也拿下二軍的總冠軍後，當年秋訓開訓當中被一軍總教練數落了20分鐘，當時心裡就告訴自己要忍耐，會議結束之後就告訴自己該是離開的時候，當然在一個球隊待了十四年，要離開確實要鼓起非常大的勇氣下決定。事後回想起來確實欠缺的一個冷靜思考，我因為衝突後的情緒來影響決定事情，只會思考自己很努力去培養二軍選手拿下總冠軍，還要被一軍總教練罵，感覺很委屈，只會站在自己的立場去想，反而沒有很全面性的去評估為什麼要離開？想因為一軍沒有成績，就因為被數落造成自己情緒就決定離開待了十四年的球隊？回想這條路經歷的十四年，確實要冷靜地去決定，只思考自己的角度是不夠理性的。但離開之後要重新適應新的環境，我想從事件中我有學習到許多經驗，未來遇到這些問題要重新思考後再下決定。找新的職業球隊重新開始這樣的風險其實很大，我比較幸運有貴人相助，馬上就找到新球隊可以發揮所長，如果當時下的決定沒有新球隊的話那就更糟糕了，錯誤的決定往往造成走更遠的路，就像我的名字一樣「人非聖賢」，記得勇敢面對錯誤，才能不斷地從錯誤中得到寶貴的經驗。

在秘書長時期確實是一個不同層次的考驗，每當一個用情緒去決定的事情，往往都是失敗的決定會比較多，舉例來說二〇一九年在協調國家隊時，我被當時一位前輩棒協董事打電話罵我7分鐘，很難聽的話都說出來，我只是站在職棒的立場及權利，因為我要面對會長球團的領隊報告進度，爭取權益，到主辦、組訓都需要溝通。當時我就告訴自己要忍住情緒，當時忍到最後被罵三字經後，我的情緒就爆發出來就受影響，互相衝突。回想起來，如果這一次的溝通我冷靜下來，就不會產生更多衝突，當時一切都是要去學習衝突管理，這是我在這人生階段中更需要去學習之處，很多事後再來檢討都來不及了。

從「換位思考」到「沒關係慢慢來」都是我從成功人士中送給我的名言，我很慶幸我有比別人多一些經驗，才能看到自己不足的盲點，從一位職棒球員到秘書長的位置，確實**面對情緒控制**這一方面的課題需要許多學習，才能達到優秀的領導人，這幾年在行政職的位置上確實經歷許多衝突狀況，相信用職業運動管理，放在企業行政管理上會是很有趣的結合。首先職業球員教練都是沒有保障，都是責任制，沒有成績就是準備換掉，選擇這一條路就要有這樣的體認，舞台是現實的，能讓球隊拿下總冠軍的團隊才會被肯定，所以唯有不斷地成長才能不被淘汰，相信選手面對短暫運動生涯，一定能在球場上找到屬於自己的舞台。

看到現在年輕選手身體素質確實很好，球團環境有提升許多，有接近國外球隊的水準，所以如何讓球員們做好情緒管理是非常重要的課程，許多運動員在表現不好時，會在球場上做出傷害自己的動作影響球隊。球迷最清楚「恰恰打變電箱事件」最後恰恰手掌骨折，雖然大家都知道恰恰求好心切，但當下情緒管理控制不好，就會對球隊造成傷害。有一句話「千金難買早知道」，我在教練時期就是在訓練或比賽中有問題時，有時都會以自己為中心思考，所造成不好的結果，反而造成輸球欠缺去思考討論真正問題所在，可以用溝通方式來找出問題，找到解決問題的方法，讓傷害降到最低，許多優秀的總教練都會發現有錯誤時就直接向球員道歉，由此可以看到總教練的格局、一位好的領導人的特質，這點在統一獅三連霸的呂文生總教練身上可以看到他的帶兵風格。中華職棒每個三連霸的王朝，每一位總教練的特質都不同，相同的是都是溝通高手，可以讓球隊有一套溝通信任模式。在球場上被球員、被教練團尊重的總教練真的不多。我相信總教練的壓力應該是整個球隊裡面壓力最大，只要有好的成績，所有的球隊成員都有一個共同理念，就是共好、共榮，這就是職業運動的精神。

教練其實是一個配角，真正主角是球員，真正遇到衝突的時候，相信用最好的方法就是**溝通釐清**，**爭取雙方的認同與信任**。當你做錯時，立刻對團隊成員道歉之後，會讓團隊氣氛緩和。不管是在什麼位置都一樣，我相信格局是不同，但方向是一樣的目標，只要爭取最高榮譽，就會讓球迷進場來為球員、球團加油打氣。

◆教授專欄—方信淵◆

決策前的 SWOT 分析

決策（Decision）是指在面臨多種選擇或行動方案時，經過思考、評估和比較後，最終做出一個選擇或採取一種行動的過程。決策通常包括以下幾個步驟：

1. **定義問題或目標**：確定需要做出決策的問題或目標，確保對問題或目標的理解達成共識。
2. **蒐集資訊**：收集與問題或目標相關的資訊和資料，包括可能的解決方案、前因後果等。
3. **分析和評估**：分析和評估不同的解決方案，包括它們的優點和缺點、風險和成本等，找出最佳的解決方案。
4. **做出選擇**：基於分析和評估的結果，做出最終的選擇或決策。
5. **實施和監督**：將決策付諸行動，實施方案，並監督其結果，以確保決策的有效性。

決策在個人、組織、企業等各個層面都非常重要，它對於個體和組織的成敗、進步和發展具有決定性的影響。因此，在現代社會，決策也被認為是管理和領導力的核心能力之一。

在管理學領域中，SWOT分析是常被用來進行有效評估的工具，SWOT分析是一種常用的戰略分析工具，用於評估一個組織、企業或個人的優勢、劣勢、機會和威脅。SWOT是英文單詞Strengths、Weaknesses、Opportunities和Threats的縮寫，分別對應中文的優勢、劣勢、機會和威脅。

SWOT分析的意涵如下：

1. **優勢（Strengths）**：指一個組織或個人在某些方面比競爭對手更強或更優秀的能力和資源，優勢可以說明組織或個人在產業中佔據優勢地位。
2. **劣勢（Weaknesses）**：指一個組織或個人在某些方面相對於競爭對手

較弱或不足的能力和資源。了解劣勢可以讓組織或個人制定相對應的策略，以克服或彌補這些劣勢。

3. 機會（Opportunities）：指一個組織或個人在產業或環境中所面臨的有利條件或機會。了解機會可以說明組織或個人抓住機遇，擴大市場佔有率，提高競爭力。

4. 威脅（Threats）：指一個組織或個人在產業或環境中所面臨的不利條件或威脅。了解威脅讓組織或個人制定相應對策略，以減少風險或避免損失。

SWOT分析的意涵在於說明組織、企業或個人全面了解自身的情況和外部環境的變化，為制定戰略和決策提供重要的參考依據。通過SWOT分析，可以確定自身的優勢和劣勢，抓住機會，應對威脅，從而制定出更加有效的戰略和決策。

2-6

知己知彼，情蒐是關鍵

二〇〇八年是我第一年當教練，在那時我從日本教科書中看到：如何提升自己？就從年度訓練計畫到每月訓練計畫表中，去了解選手狀況，每一個訓練菜單都需要記錄：選手每日接球、投球、打擊、體能四大重點，這樣訓練一段時間就可以去改變訓練處方、追蹤選手的狀況。在這樣的基礎下我在二〇〇八年二軍球季結束後，擔任亞洲職棒大賽中職隊的情蒐人員。是一個全新挑戰，回想當時剛接到這個任務時，就請教有經驗的前輩們，學習如何做出一份有效情蒐報告。首先要與教練團開會討論他們需要的方向，而我們就朝這方向去做準備，過程要定期開會討論說明如何做情蒐主要架構，從現場比賽中拍影片、到剪輯，錄製電視轉播。這幾年在科技協助之下，情蒐內容相對更加豐富，不過當時只能用最原始人工做法，不斷蒐集數據，整理出一份情蒐資料給教練團去說明給球員吸收。

二〇〇八年的情蒐任務總共大約四個月，當時是我教練生涯第一年，很幸運就有這樣的機會和經驗。當時統一獅出戰ＳＫ飛龍隊，之前二〇〇七年統一獅有出戰過ＳＫ飛龍隊被大比數擊倒，而二〇〇八年又碰面時，呂文生總教練很重視這次情蒐資料，要在短時間內讓教練團與選手能熟悉ＳＫ飛龍隊球員近況。因此這次情蒐的時間壓力和工作量都很大，記得在有限經費使用之下只有二個人在負責，我們就分工從拍攝現場投手投球影片直接剪輯之後讓教練團與選手快速加深印象，比賽前由於高志綱選手是當時先發捕手，我們有就這份情蒐資料進行討論，並且提供自己的意見讓他去參考。有時報告內容較無法分類球員特色，我則會參考電玩職棒遊戲，戰力分析就有方向。但主要的參考來源還是當時自己的現場紀錄，特別是ＳＫ飛龍隊打韓職總冠軍賽時的投捕配球模式。獅隊投捕在不熟悉對手情境下就用這份資料數據去決定面對ＳＫ飛龍隊打者對決時機的決勝球球種；統一獅打者則可以參考投手在對決時的常用球種做攻擊，利用這份記錄提供給先發球員多一份資料參考。當時我告訴高志綱，捕手可以利用韓職斗山熊投手對ＳＫ飛龍隊打者的配球策略去面對，我當時提供了共四場的逐球紀錄資料給高志綱捕手參考，聰明的他很快就運用很好，就我當時現場觀賽記錄，高志綱那幾場配球模式的確和斗山熊模式很接近。

情蒐重要性可以從以下幾個角度來討論，首先一份有效情蒐報告是要經過許多現場比賽拍攝投手影片、做比賽記錄、拿官方成績記錄、錄製電視轉播，最後所有的情報都要後製，且針對所有先發球員特性說明，以讓選手很快就能了解對手。針對對方可能的先發人選，則是提前做好準備給教練團參考。

由於情蒐是以影片為主，相對影片後製就是一門大工程。謝謝當時聯盟同仁全力協助，才能順利在出發東京之前就完成全部情蒐報告，趕得上與教練團報告情蒐資料。

贏球才是王道，不管做了多少情蒐資料，最終就是成敗論英雄。很開心最後是10：4贏球，當時賽後記者會訪問，呂總有提到我們情蒐小組是贏球因素之一，歷經快四個月努力不斷整理資料、後製影片、與教練團開會討論，還好是有贏球就是最好的結果。

這次情蒐工作讓我教練生涯中經驗值快速累積，從這次經驗就證明了情蒐工作是一份很重要的功課。我在球員時期有遇過一次經驗，在一九九九年亞錦賽情蒐有看到日本松坂大輔投手的影片，球速都沒超過135公里，讓我們中華隊打者就覺得應該很容易對決，他們在國內比賽洋將投手就都比較難打，我們當時是業餘選手，看到職業學長們信心十足，心想我只要把守備做好，攻擊就交給學長們，結果當時中心打線被三振共有10次，比賽結束之後就有學長說現場投手速度都超過１４５公里以上，結果跟影片中的球速相差10公里，影響真的很大。當時我打出第一支安打內心就很興奮，結果興奮過頭漏接成為罪人，真是需要好的情蒐才能讓選手更快了解對手。

以上兩次經驗就是要告訴大家，情蒐對手才能有策略去壓制對手。第一個案例分享是一個成功情蒐會讓比賽選手能很快了解對手特性。第二個案例則是當現實投手跟情蒐影片有落差就會造成很大問題。在近年來中職球隊對情蒐小組重視就有非常大進步，可以讓一些球員退役之後能有另一個舞台去學習。從幾個面向來看，現在高中生進中職就是主流，要如何去了解年輕選手的能力，這就考驗各球團情蒐小組功力。加入球團之後，培育系統環境就更顯重要。

近年來美國大聯盟球隊利用科技影像分析系統都成為各球團基本配備卻還是有發生偷捕手暗號給休息室，這是當時新聞有很大篇幅報導，這樣的比賽是否公平？當然科技日新月異，利用科技讓比賽轉播更豐富精彩，只要用對地方就會產生很好的效果。二〇二一年U12世界盃棒球賽美國隊選手在護具上有紀錄表，在大聯盟前幾年就有開始執行，這是棒球演變與科技結合，現在在美國棒球選手上是基本配備，台灣棒球確實要跟上腳步，用職業運動的管理體現在企業管理上，讓公司團隊合作達成目標，員工能主動觀察市場趨勢，了解消費者需求，發揮有效執行力。

◆教授專欄—方信淵◆

市場資訊蒐集

大家都聽過，每次的國際大賽，最強的中華隊都少不了情蒐小組。情蒐小組主要是在賽前，針對可能的對戰球隊，透過觀察比賽或蒐集各項比賽和球員的數據，對球員和比賽進行評估和分析，以作為中華隊教練、選手比賽時調兵遣將的參考。

在企業中也是，在企業面臨重大決策時，也會針對市場資訊進行蒐集，主要是為了了解市場趨勢、競爭對手、客戶需求和產品定位等資訊。以下是企業常採用的市場訊息蒐集方法：

1. 競爭情報：通過競爭對手的網站、社交媒體、新聞報導等途徑，蒐集競爭對手的產品、定價策略、市場佔有率等資訊。

2. 客戶回饋：通過電話、郵件、社交媒體等途徑，蒐集客戶的回饋和意見，了解他們對產品和服務的滿意度和需求。

3. 市場調查：通過問卷調查、面對面訪談等方式，蒐集客戶需求、行業趨勢和市場規模等資訊。

4. 社交媒體監控：通過社交媒體的評論、分享和話題等，了解消費者的喜好、需求和評價。

5. 專業機構調查：利用專業機構的市場調查和分析報告，了解行業趨勢、市場規模和市場佔有率等資訊。

6. 業界會議和會展：參加行業會議和會展，了解行業趨勢、產品創新和競爭對手情況。

企業需要綜合運用以上市場訊息蒐集方法，並根據蒐集到的資訊進行分析和總結，以制定相應的市場行銷策略和產品定位，提高市場競爭力。此外，企業也會保護蒐集到的市場訊息的安全和機密性，以防止敏感資訊被洩漏。

2-7

大數據時代：從一顆便當到球員狀態

職棒場上的大數據是一個非常重要的資訊，在美國職棒，是有將數據資料賣給民間企業去做一個商品，從每一個數據上來評估球員的價值，現在運動科技，讓球員可以透過數據來讓球隊經營上可以很明顯的去做明確決定。

我在二〇一九年去仙台樂天球場看旅日球員時，跟著看到日本樂天球團的經營理念，二〇一九年推無幣紙概念，我很細心去聆聽日本樂天工作人員的說明，從一顆便當的數據就很清楚哪一位球員肖象便當賣得比較好，再由大數據呈現就能提供即時銷售數字，再決定要補充哪一位選手的便當數量，這樣精準的數字能減少過去用整數一樣的量造成浪費食物，依大數據商品的數量去掌握精準的銷售數字，立即去補貨，這是一個利用大數據讓銷售時很清楚了解球迷需求度，在消費時對每位球員哪一種商品好賣會比較清楚，比較符合球迷想要的商品的銷售數字。整體上有大數據的基礎上，會更清楚如何降低成本，對球隊經營有效果，在人力上會有許多幫助，在球場上球員的表現，再經由大數據蒐集，就可以讓教練很清楚了解以及掌握最近那一位球員狀況，讓教練團能依據大數據資料評斷球員可以在什麼時候需要休息或是最佳狀態表現，透過科技依據就能讓球員安心出賽。

二〇一九年我去美國舊金山巨人看王唯中選手，剛好認識一位師大生理學專長在美國修博士、畢業後去當巨人隊分析師，可以利用所有的高速攝影機拍攝的影片中的數據，經由統計數據出來，讓教練了解球員運動表現，很快去了解球員當下狀況，很快提供給休息室的各專項教練，提供最即時的資訊，在現在國外職業運動都是運用許多大數據分析師，提供不同的意見，利用數據中的變化了解球員的狀況，目前就是要讓台灣職棒運動能跟上國際職業運動的腳步。

◆教授專欄—方信淵◆

大數據

大資料（Big Data）指的是規模巨大、類型多樣的資料集合。這些資料集合的大小和複雜程度超出了傳統資料管理工具的處理能力，需要使用新的技術和工具進行管理、處理和分析。

為了處理大資料集合，需要使用一些特殊的技術和工具，包括分散式存儲系統、大資料處理框架和資料採擷工具等。這些技術和工具可以幫助企業更有效地管理和分析大資料，提高業務決策的精準度和效率。

而大資料在運動產業中有相當廣泛的應用，以下是幾個例子：

1. 運動資料分析：大資料技術可以協助運動員、教練和管理人員蒐集和分析運動資料，包括訓練強度、心率、速度、距離、角度和力量等參數。通過對這些資料的分析，可以優化訓練計畫、改善技術和提高運動員的表現。

2. **觀眾參與和互動：**大資料技術可以協助運動賽事和俱樂部與觀眾建立更密切的聯繫和互動。通過社交媒體和行動應用程式，觀眾可以獲取賽事資訊、參與討論、投票和分享內容等，從而提高參與度和忠誠度。

3. **行銷和品牌推廣：**大資料技術可以協助體育賽事和品牌制定更有效的行銷策略和品牌推廣活動。通過對觀眾和消費者的資料分析，可以了解他們的需求和興趣，從而更精準地定位目標受眾和制定相應的行銷計畫。

4. **安全和風險管理：**大資料技術可以協助運動賽事和場館進行安全和風險管理。通過對場館和觀眾的資料分析，可以預測和預防可能的安全事件和風險，從而保證觀眾和參與者的安全。

5. **運動健康管理：**大資料技術可以協助個人和組織進行運動健康管理。透過穿戴裝置和應用程式，可以蒐集和分析個人運動資料，包括步數、睡眠、心率等，從而幫助個人了解自己的健康狀況和制定相應的健康計畫。同時，企業也可以通過分析員工的運動資料，制定相應的健康管理計畫和政策。

桜花賞 攻めの吉田◎▲的中
ゴルゴ松本 24万8000円GET
夕刊フジ
「アドバイスおじさん」になるな
壇蜜 青春のドキドキ体験
世界最速開幕
台湾プロ野球が
日本球界にエール
ヨドバシカメラ
CPBL会長が激白
なぜ無観客開催できたのか

自由時報
世界第一棒
中職開門樂戰
中國買票亂大選
替韓國瑜、國民黨賄選 7台商起訴
有防疫4措施 消費人數不限
后豐大搶命案 無罪判決撤銷
疫情統計
兩個5寶媽：再累都值得

第三章 CPBL秘書長是領導管理修煉場

3 CPBL秘書長是領導管理修煉場

3-1 球員當秘書長會做得好嗎？

二〇一八年中華職棒即將邁入30週年，吳志揚會長就在四人會議中，討論當時我跟兩位副秘書長任務分組，我負責中華隊組訓，王副秘書長負責賽務規章，許副秘書長負責宣推業務，我們都會經由內部規劃後，去跟會長報告同意之後，再開領隊會議由各球團同意，原則上的行政流程會需要經過這樣的程序。

時間拉回到二〇一七年3月20日我接任秘書長，記得吳會長告訴我沒有蜜月期，因為有可能只做一個球季，不清楚會不會有新的任期。當天會長就指示因為我是球員出身，對中華隊組訓賽很重視，所以首要任務是與棒協協調組一支最強的中華隊，重點要雙方達到平衡：重視球團權利及球員權益，這任務工程浩大，因此當時就請教日本職棒、韓國職棒，他們過去如何協調業餘組織如何達成共識，這都要靠時間及制度、充分溝通、分工合作、商業模式、回饋機制。

權力分工要有技巧合作，斡旋於體育署、棒協及聯盟本身三大組織更是需要去溝通才有機會達成共識。體育署是國內運動官方的組織，而棒協是民間組織負責執行體育署的行政業務，除了是直接受體育署補助單位，也是國際棒總主要的窗口；最後中華職棒是屬於內政部財團法人的人民組織，由球團成為會員制組織，球團會員代表推薦第三位社會賢達人士來擔任會長職務維持聯盟運作，秘書長是由會長來指派擔任，我是第一位球員出身背景接任秘書長，感謝吳會長的提攜才能有機會來聯盟服務，接觸不同行政事務，不只在球場上工作，更是一個挑戰自己的舞台。

回想當時大家都非常好奇這位球員出身的秘書長可以勝任這個吃力不討好的位子嗎？對當時的我而言，當然幾乎所有事務都非常陌生，過去都是在球隊相對單純，當球員、教練或球隊的橋樑，而接任秘書長位置要具備什麼樣子的條件？我相信當時看笑話的人比支持的人多，我記得有同事拿了他們的群組給我看，怎麼會找一位球員出身來當他們的主管呢？可以帶領著聯盟嗎？好多內部對我的領導質疑，我可以了解大家對運動員的刻板印象就是打球頭腦簡單四肢發達，而我就是喜歡挑戰的人，越質疑我，我就越想去挑戰自我，許多話語不用解釋，只有努力去完成任務，將成果讓大家看見這就是最好的解釋。

我在上任兩個月時，有好朋友來關心說有聽到吳會長要換秘書長的傳言，我的個性就很直接打電話給會長確認是否有這件事，吳會長說他從來沒有要換秘書長，請我放心，要我努力地去把聯盟的事做好，不要去聽太多流言，反而會影響工作情緒、影響自己。於是我很快排除負面情緒專心工作。

有一句話「**換了位置就需要換了腦袋的思維**」，我感受很多。因為承擔的責任不同，相對的就需要換位思考，以領導者的視角，要以績效導向去帶領團隊往對的方向發展，相對執行遇到一些突發狀況時，假設是一位只會找問題卻沒辦法提供正確解決問題的人當主管，這樣的團隊就很辛苦，過程中會有更多的問題產生。首先是團隊互相不信任，再來就是執行力就會出問題，造成業務無法發展，所有業務執行力就會打折。這部分我利用了整整半年時間請教內部主管，了解聯盟營運和主要的運作狀況，因為我要在短時間去了解聯盟行政程序。也謝謝聯盟同事的協助，才讓我很快地進入狀況。畢竟原來在職棒環境待了二十年以上，但從聯盟自身和用球團的角度來看聯盟確實有非常大落差，原來聯盟的每一位同仁，他們的工作都有很多事情需要去協調，許多的業務需要不斷去解決問題，才能讓這個職棒環境更好。舉個例子：之前在球隊參加聯盟的活動看起來很單純就出席活動的概念，等我接秘書長之後，原來要辦一場活動的事前規劃與贊助，是一個非常繁瑣的工作，在此肯定聯盟的同事們，台灣的職棒因為有你們才能夠不斷地提升環境，讓球迷肯定中華職棒。專案活動的預算也都要去找企業贊助，才能讓活動順利進行，特別活動籌備過程，預算不能赤字，這會讓球團來質疑聯盟團隊。

當秘書長是一個自我挑戰的機會，讓我有機會了解自己不足的地方去加強，不斷地去請益專業人士，去了解市場價值，加強領導者所需要具備的條件，去學習民間企業的一些課程，這段時間我透過自主報名上課，看到社會企業高階主管的強大學習動能，這樣的情境使我更加清楚主動學習不斷精進自己才是成為出色領導者應有的態度。因為領導者要主動了解問題，才能掌握到解決問題的先機，避免傷害變大。

疫情期間的這些年常常聽到「超前部署」的口號，我在秘書長期間培養的行事風格就是主動出擊。一來讓團隊能夠很快地去掌握事情的細節，提升團隊整體作戰能力，二來能更加提升自己的領導能力，因為有許多事件的決策執行之後會留下足跡，事後才能檢視自己當下的決定是否有效益，因此想提升團隊整體的能力，首先主管必須要有執行力。

好的專案規劃評估需要的則是團隊的溝通能力，分工合作，明確的交辦給團隊裡面各司其職的同仁去發揮。在優秀的團隊中需要讓所有的同仁都有參與的機會，從組織分層負責，秘書長來整合所有的事，點、線、面等各個方面，解決內部衝突，讓團隊溝通更加透明，在完成內部的溝通之後，再去跟會長、球團說明報告活動內容，來取得會長、球團的同意。

聯盟團隊同仁有天馬行空的創造能力，經由討論後再結合專業的外部組織，得到正確資訊再來規劃執行，才能讓天馬行空的想法能落實在執行面上，讓大家看見中華職棒的努力，也才能讓運動產業的連結更加緊密。在任秘書長這四年間確實創造出許多不可能的任務，結合許多專業人士一起舉辦許多好的活動，相信這是因為聯盟用了正確的方法後走出的路開出的花。

另一方面，當團隊確實全心投入，心態的改變會讓整個團隊感受不同的成就感，我在秘書長期間看到了同仁的努力，也相信對的決策可以讓團隊在執行過程不斷地成長，另外當領導者就是要有承擔風險的勇氣，才能一起走過低潮艱辛的過程，培養出強大的韌性。由守成的團隊轉化成主動式的出擊團隊，是需要相當大的勇氣。過程中有一些跟不上腳步的資深同仁因而離開團隊，也讓球團及會長一度懷疑我的領導能力，但我持續努力帶領團隊，主動面對挑戰，做好屬於職業運動的領導，因為對我而言，秘書長就如同總教練，需要永遠扛下勝負的責任且不眷戀位子，用績效去面對所有專案，不是只有守成，是要跟上商業模式的腳步，不是等待機會，更是主動找尋機會，創造團隊被看見，這樣台灣運動產業才能有更多人才加入。由中華職棒這隻成立三十年以上的領頭羊，引導到讓主流運動項目在台灣都能有職業舞台，讓選手能與企業連結，延續選手活躍期，創造個人的價值。

◆教授專欄—方信淵◆

領導與管理

領導是指一個人或團隊對其他人或團隊進行指導、管理、激勵和影響的能力。領導者通常具有一定的權力和影響力，能夠促進組織的目標實現並發揮團隊的潛力。

以下簡單介紹幾種常見的領導類型：

1. **威權式領導：**這種領導風格通常與權力和控制有關。這類領導者傾向於透過強硬措施來確保組織或團隊的目標實現。
2. **民主式領導：**參與式或民主式的領導者歡迎每個人提出意見且鼓勵合作，雖然他們可能擁有最終決定權，但這些領導者會把決策的責任分配給每個人。
3. **教練型領導：**這種領導風格強調將下屬的潛力發揮到極致。這類領導者將大部分時間用於指導和培養下屬，以提高他們的技能和能力。

4.放任型領導：這種領導風格通常與高度自治的團隊或組織相關。這類領導者傾向於將權力交給下屬，讓他們自行解決問題，而不是直接參與決策。

5.魅力型領導：有魅力的領導者利用他們的溝通、鼓勵和人格優勢來激勵他人以特定的方式行事，以實現共同的目標。這種領導能力取決於領導者的口才，對自己使命的堅定信念，以及讓下屬或下屬有同樣感受的能力。

6.交易型領導：交易型領導使用獎懲機制來鼓勵團隊成員。這類型的領導者認為，清楚的指揮鏈可帶來更好的績效。團隊成員需要遵循指示，且受到指導者的嚴密監控。

7.轉型領導：轉型領導者有效地獲得了其他想要追隨他們的人的信任和尊重，使用指導和鼓勵來賦予團隊權力，並能激勵員工充分發揮潛力。

而最常被討論的就是領導與管理的不同，領導和管理是不同的概念，儘管它們經常被用來描述同一個人或角色。

領導通常涉及以下幾個方面：

1. 激勵和啟發：領導者可以鼓勵和啟發下屬，使他們更有動力地追求共同的目標。

2. 策略制定：領導者可以制定戰略，確定組織或團隊的方向，並指導下屬實現這些目標。

3. 感性決策：領導者通常會參考內心直覺或心靈深處的智慧，來做出決策和解決問題。

4. 風險承擔：領導者可能會承擔風險和不確定性，以達成目標。

而管理通常涉及以下幾個方面：

1. 組織和協調：管理者通常負責組織和協調組織或團隊的活動，以確保有效率地完成工作。

2.人員管理：管理者負責招聘、培訓、評估和解雇員工，以確保適當的人員配置和最佳的人員表現。

3.預算和資源分配：管理者負責監督預算和資源分配，以確保達到組織或團隊的目標，同時保持財務穩健。

4.監督和控制：管理者負責監督和控制組織或團隊的活動，以確保達成預期的結果和成果。

總括來說，領導和管理都是組織或團隊成功的關鍵因素。領導者可以提供指導和啟示，而管理者可以確保事情得以順利進行。但是，領導者和管理者的角色和職責是不同的，有效的組織需要這兩者的平衡和協調。

3-2 秘書長領導戰略：明星賽、亞冠賽、冬季聯盟

二〇一七年3月20日是我人生非常重要的日子，那天就是接任中職秘書長的日子，當時就是想法很單純，我要用棒球人在場上的精神，不斷面對突發狀況。回想剛公佈之後我立刻就進去主持中職明星賽籌備會議，我告訴自己就是不要想太多，不會就去請教，我就從那時開始主動去學去問，不會就去問到會，只有自己親自去面對才會了解所有狀況，我不會等我準備好了才上場，到時機會只會溜走。

在二〇一七年擔任秘書長第一個活動就是花蓮明星賽，延續與行銷公司的合作模式，授權給行銷公司主導，聯盟同仁擔任輔助角色。當二〇一七年明星賽辦完後團隊內部開會討論，首先謝謝合作夥伴協助，才能順利地完成，當年在花蓮明星賽活動，我觀察所有活動的細節從規劃到執行面，看到許多不錯的元素，如果能讓同仁在二〇一八年可以角色互換，由聯盟主導承擔盈虧風險，這是一個非常大的決定，首先國際組聯繫美、日、韓職棒，三國職棒聯盟邀請相關業務同仁去參訪取經，了解各國主辦比賽時的氣氛，看

到不同的元素。明星賽週與在地結合，從機場到飯店、從市區到商店，都會有一股明星賽週的氛圍，從商業角度來看細節，再由活動連結公益、親子各方面，產生許多的商業模式，值得讓團隊參考，讓人大開眼界更多發想的參考依據。最後二〇一八年我們就設定天母棒球場為該年的明星賽場地，連結早期美軍與天母在地文化特色，主視覺設定團隊設計在地文創概念，活動規劃參考美、日、韓三國主要有趣的活動，增加趣味性。

在我球員時代，參加過八屆明星賽，都是一般傳統的做法，幾乎沒有太大的改變。相信改變需要勇氣，需要與內部討論有共識，決定後就不要思考太多，去請教國內外的專家，來規劃出屬於不同以往的明星賽，不會只有傳統全壘打大賽、跑壘大賽、比賽，三種一般明星賽的活動，終於很快就展現成果出來，在全壘打大賽之前就多了五項戰技不同項目，球員參與球迷同樂，商品搭配時尚文創，最後看到報表確實由黑轉紅有盈利，雖然不多，但從過去一直都是負成長的聯盟報表看到了正成長的數字真是令人高興。

我剛上任秘書長時，心情就像一位中繼投手專門處理壘上的危機，當下立刻就要上手處理聯盟事務，不斷去學習了解環境，不斷開會，一直聽同仁報告，了解執行進度，因為這些都是每一年例行活動，從剛開始不熟悉聯盟的運作，如何執行秘書長的工作實務，如何營造同仁放心的工作環境，真的處處是考驗。像明星賽改變成為聯盟主導這件事的溝通協調就非常重要，新的做法就要去說服同仁，原本授權給行銷公司主導的招商業務和活動流程規劃，都是非常繁瑣的行政作業，但如果授權金模式，就只能配合對方，少了一些主導權，感覺就是來參加活動的做法，聯盟變成純屬配合單位，授權金為主要收入、票價抽一些、廣告費抽不多，這樣是比較被動式的做法但安全。

相對來說，拿回主導權風險相對升高，所以就要重新從成本考量、選擇場地、合作廠商合作意願種種的因素，於是當二〇一七年結束花蓮明星賽之後就開會討論，二〇一八年開始由聯盟主導，所有明星賽規劃籌備執行、風險評估、需要什麼樣團隊的外部團隊資源，相對明星賽要有嘉年華的概念，讓球員教練們有不同的觀感，從球迷參與的意願，再到進場，這是一個很重要的課題，當時就是強調：如何開源？團隊的優劣在哪？

不斷去提升思考的能量，提升明星賽的價值，太多事情要去整合，重點是如何找到銀彈也就是錢要到位，如果抱著有做就好的心態，會有許多盲點，職業運動就是商業導向，所以要有精準的計畫來執行，每一個花費都要花在刀口上，相對而言，找贊助方則是要有策略，了解贊助商需求，我們主辦單位可以滿足他們嗎？創造新客戶來將運動產業走入做企業的圈圈裡，只要時間一到就可以一起共襄盛舉共好的方向，才能讓運動產業蓬勃發展。這需要有戰略去分析，讓團隊有往前邁進的依據，成功的活動要做許多的規劃，在執行中才能有很順暢的執行力。

從同仁天馬行空之後，參考外國的資訊，後來團隊一起集思廣益來串起一個被球迷接受的明星賽，需要更多的討論，參考許多地方的活動經驗，整合出活動主軸，這是很重要的地方。

記得我在一開始接秘書長時我就開始設定目標，主動了解聯盟的事務，更清楚設定目標之前，要用時間軸規劃出來這個階段需要做什麼事。從中了解之後就可以來規劃在任內時可以增加活動計畫內容。從二〇一七年規劃重點就是國際賽，剛好有NPB（日本野球機構，Nippon Professional Baseball）來提出台日四年舉辦一次亞冠賽，第一屆就由日本主辦，這時9月舉辦的三國秘書長的會議討論，投球限制辦法比照經典賽，我當時就反對，這兩個比賽時間不一樣，當然調整就不一樣，我堅持這一點，利用秘書長中只有我打過球打過職棒，從選手角度來提出，經典賽是球季前開打，所以需要保護投手，因為要應付一整年球季，亞冠賽是球季結束後舉辦，屬不同的時期。最後說服大家開會決議通過我的論點，這讓我很清楚告訴大家這就是專業。

吳會長請我將中職舉辦冬季聯盟賽事要如何提升品質做好，我要去規劃改善冬盟的品質，要去了解為什麼外界認為冬季聯盟比賽都不被看好呢？從球員參與度不高，如何讓球團支持？其實冬季聯盟是一個很棒的舞台，從我親自到日本問日職、韓國問韓職對冬盟的看法，進而獲得一些建議可以去改善，找出幾個問題、了解缺點讓主辦單位能做改變。

第一個是中職聯隊的組隊問題，我跑去了解球團對冬盟的看法，加以整理之後找出方法來，最後跟會長報告提升冬季聯賽舉辦方式。首先就是中職聯隊球員組成，之前要各球團分配之下來參加冬季聯賽，各球團秋訓結束之後其他球員就放假，反而有些球員被分配來打中職聯隊，會覺得為什麼要來打冬季聯盟的比賽，球員自主性來比賽的意願不高，造成比賽投入就不高，反而效果不好。中職聯隊組成的問題，我就提出用「國家隊」的模式來組隊，用總教練責任制去培養年輕的總教練組成青年國家隊的概念，剛好可以順便累積組訓的經驗，聯盟提升辦比賽的能力，球賽重點就是要贏球才能讓球員成長，其他國家隊參加國際賽就是看主辦比賽的強度就會派比較有潛力的球員來參加。我會找時間跟日、韓兩個聯盟報告主辦冬季聯盟的方向，希望能獲大力支持，派有潛力的選手來打冬季聯盟比賽。

當時在亞冠賽的規劃組訓時，就是利用亞冠賽的特色以24歲以下的年輕球員做國際交流舞台，相對我就利用亞冠賽的規劃籌備繼續延伸到我們主辦冬盟的議題，一樣以年輕選手為主題的比賽，順勢同步進行。我們從中職聯隊提升球隊戰力、總教練制，就是要設定贏球為目標，選手是主動要來參加冬季聯盟比賽，才會投入比賽有好的態度，希望被自己的球團看到冬季聯盟的表現，成為一個不錯的比賽舞台。提升年輕球員國際交流，看到同年紀球員在場上拼盡全力相互較勁，經由冬盟比賽結束之後能有成長進步，回到自己母隊後隔年會有好的表現。

跟吳會長報告冬盟主辦改善體質制度，讓比賽更精彩，藉由這個比賽更有效能，能讓年輕球員提升自我球技，更是很好發揮的舞台，聯盟團隊蒐集近年來冬盟優缺點也有助於改善後續。以上獲得會長及球團領隊們的認同採取這種方式讓冬盟進行比賽，讓我在秘書長任內能改善原本不足的地方，並且創造許多的話題，例如林振賢教練就很投入帶領年輕教練、指導球員。相對而言，也讓聯盟同仁都能學習辦好比賽的細節，如何服務國家隊球員的經驗，藉由冬盟的比賽來增加經驗，可以了解國家隊可在什麼環節幫助球員。

我希望利用冬盟這個舞台培養年輕的選手，相對也要培養年輕的球迷，讓在地學生走進球場，我們邀請學校利用校外教學進球場看比賽，讓各國球隊有幾天義務指導在地學生球隊，在場內舉辦簽名會與球迷與學生同樂，邀請進場同學或贊助廠商代表能賽前開球儀式。記得有一次女同學開球，造成國內外的話題，因為她開球卻投向反方向的二壘壘包去，讓大家在網路上的討論度提高，成功在話題上被強烈討論，在沒有安排下所發生的狀況是最有感覺的，職業運動就是需要話題讓球迷來討論，之後也再次邀這位同學再次開球終於成功。

冬盟比賽確實有提升選手參與的態度。我有邀請當年退役的日本巨人隊當家第四棒明星捕手阿部慎之助到台中四天看冬盟比賽，當然也請他給予一些意見。恰逢他當年退役即將接巨人二軍總教練，剛好可以親自來看巨人隊二軍子弟兵，利用冬盟比賽來驗收秋訓成果，他有提到只要冬盟舞台強度夠，有潛力的年輕球員就會送來台灣參加冬盟比賽。另外也提到美洲的球隊能邀請到不同型態的年輕球員交流，就會有機會互相成長。亞洲球風基本上蠻接近，因此日本職棒球員會到球季結束時，安排年輕球員去中南美洲打冬季聯盟、獨立聯盟，讓年輕球員接觸不同球風，感受不一樣的棒球，阿部慎之助還建議年輕球員要有吃苦耐勞的態度才能有競爭力，為了自己的職棒舞台，就是要不斷地苦練，找舞台精進自己的技術，準備好自己的能力，才能夠掌握一次機會被一軍總教練看到，才有機會在一軍舞台表現。

我當時就帶著國際組同仁，親自拜訪說明這比賽的目的，邀請日本社會人球隊的動機，就是讓比賽能更精彩，過去球員時代我就固定會跟日本社會人球隊比賽，了解他們的實力不輸職棒二軍，再來剛好他們當時在準備二〇一八年的亞運會，就一拍即合同意來參加這次的冬季聯盟比賽。日本社會人球隊來參加，在溝通上要先了解他們的需求與限制，當時提出他們球員對公司請假不能超過十天，所以他們球員的組成會有許多與日職不同。我們思考的點就是要有比賽強度，主辦單位比賽前會提出報告與規章，讓比賽球隊都能接受，這是主辦單位的責任，當年比賽得到許多正面肯定，比賽強度提升相對比賽贊助就有效果。看到年輕球員隔年在一軍有好成績，這就是繼續辦冬盟的動力。後續我到日本出差安排去拜訪日本社會人球隊請他們派出一支聯隊來打冬盟，確實多了話題又有不同元素。剛好也利用這樣想法去跟日本業餘棒球協會拜訪提出邀請，真的把好的想法落實到執行面，整個團隊會很活躍。不同階級出賽就會有不想輸的想法，這樣良性競爭就會產出很棒的火花，讓我同事在招商轉播單位比較好說明也容易許多。

還有個突破就是讓轉播有機會提升到國際，與日本業者一起轉播比賽，之後在體育署評估上冬盟被評估為當年優質的國際賽事，這是一個很大的肯定。原本不被大家看好的冬盟比賽，後續甚至吳會長告訴我有外部組織向聯盟提出冬盟授權給他們組織來辦國際冬季聯盟的比賽的意象。

受限於疫情，冬盟這三年沒辦法繼續舉辦，相信二〇二三年聯盟會有機會續辦，不過現在許多國外球團不太有意願安排球員來參加，只有等疫情能順利正常，才能有一樣等級的比賽。

總體來說，冬盟的改造再生過程就是有效的策略，有系統的規劃，有專業的溝通，有確實執行將細節放在重點上，最後才能達成提升比賽的品質，在這些要素整合之下才能達成任務，創造共好；**事前的策略要具影響力**，才能驅動整個團隊往前走，走對的方向創造雙贏。

◆教授專欄—方信淵◆

行銷的 4P

行銷 4P 是指產品、價格、促銷和通路，是行銷組合（Marketing Mix）中的四個核心元素。這個概念由由美國密西根州立大學教授艾德蒙．傑洛米．麥卡錫（Edmund Jerome McCarthy）在一九六〇年代提出，是行銷學中的基礎概念之一。

1. 產品（Product）：產品包括有形的產品或是無形的服務，包括設計、功能、品質、包裝、品牌形象等方面。產品應該滿足消費者的需求和期望，並提供獨特的價值。例如：創立新的冬季聯盟制度，就是從產品創新的概念來規劃。

2. 價格（Price）：指產品或服務的價格，調整價格對於市場策略有重要的影響，企業會依據不同的市場定位，以及企業本身的品牌策略，制定不同的價格策略。中職票價的訂價策略，也會依據不同等級賽事，來進行不同的訂價，所以季後賽的票價就會高於例行賽。

3. 促銷（Promotion）：指各種宣傳和推銷活動，包括廣告、促銷、公關、直銷等，目的是將產品或服務介紹給更多的潛在客戶，提高品牌知名度和產品銷售量。冬盟曾經邀請過一位當天進場看球的國中女學生來開球，也因為她興奮過頭，把球投向二壘，而有了二壘妹的稱號，這段開球影片，甚至還紅到國外媒體去，誤打誤撞，卻也造成了不錯的宣傳效果。

4. 通路（Place）：指產品或服務的銷售通路，包括零售店、網路商店、經銷商、批發商等，消費者要在哪裡找到你的產品、選什麼運送管道才能讓消費者最容易成功收到，都是選擇通路需要考量的問題。近年來，由於運動科技的發達，再加上疫情對於觀賞型運動賽事的影響，透過線上觀賞球賽，球迷已經有越來越多的通路可以接觸到球賽，也能不同於以往的觀賽體驗。

這四個元素在行銷中都非常重要，並相互關聯。一個成功的行銷策略應該考慮到這四個元素的平衡，以創建一個有價值的品牌和產品，滿足消費者的需求，並實現商業目標。

3-3

專業分工的頂尖戰力

中華職棒聯盟的同仁確實要有許多的專長，從賽務說起就是要包山包海，記得場務是要有相當耐力工作，尤其在判斷取消比賽與否的決策，這需要有一個機制，否則賽務組同仁要面對太多的壓力，從球團的角度，以主場球隊重盈收，相對客場球隊可能有戰績的壓力，因此會有一些衝突，但同仁們都很有經驗的去評估，與球團協調之後就會走流程，這是一個非常辛苦、吃力又不討好的工作，往往就會有誤會造成衝突，在組長以下無法做決定的事件，才會到我這邊來，通常當秘書長來決策時，相信都已經事情大條，我會找大家來了解過後再做決定，是否要開打比賽，如果是滿場或是季後賽球迷比較多，可能需要更精準的去決定，這時壓力就許多壓在值班場務身上。

頂尖的戰力就是從最初期不斷汰鍊，不斷地留在場上拼鬥，才能有機會當上職棒球員，因此運動員最怕的就是受傷，一旦受傷，想要能恢復到最佳狀態就會非常辛苦，更別提要超越過去的狀態，那就是另一條漫長辛苦的復健之路。運動跟行政是不同的壓力，職業棒球舞台非常現實，失去舞台的球員，就會很快被球迷忘記。唯有不斷精進自己，成為舞台上的優秀球員，不斷地發揮個人的戰力，幫助球隊一直處於贏球的狀態，才能在頂尖舞台上**培養出優秀的球員態度**，這在職棒運動是一門很難的課題。

聯盟同仁的工作事項太雜，而且太多事要去處理。記得我在球團時有一個認知就是覺得聯盟處理工作好像不多，除了所有活動發想以及面對所有球團、球迷，近年來還要為國家隊組成與棒協溝通，在在顯示這是一門不好幹的差事。從我第一年接秘書長時就在思考，我就想改變選秀規定，參考美、日、韓職棒選秀時的規模以及運作，再看到過去中職用木板貼姓名上去感覺沒有質感，當下就跟同仁討論可以請電腦工程師來協助規劃一套選秀名單模組，讓大家有神祕感，再加上台上大型LED牆放上去就會很有質感，畢竟場地夠氣派，就成功一半了。

首先改變LED牆。我就下台中去拜訪好運來廖豐年董事長，三方來討論如何合作又可以幫好運來餐廳提高能見度，獲廖董大力支持，將以前用掛牌的模式改成用電腦的模式，讓整個行銷質感馬上提升，再來開放一些選秀球員親自來到現場，思考點是年輕球員一輩子一次的選秀能留下什麼畫面給自己呢？現在每一年的選秀都是在好運來，也不斷在品質精進。

真正要有職業運動舞台高度就是要以產業方向來設計，有商業的概念，才能有好的人才產出，看到同仁的能力不斷地提升，代表團隊合作是一個很重要的方法，回想從選秀的改變，到明星賽的模式如何提升，接下來亞冠賽的誕生又是一個新的國際舞台。新的一年又是我這位秘書長要帶領同仁不斷地往前衝，緊接著又要改冬盟的組隊方式，因為吳會長告訴我未來就是中職主導國家隊，要來做組訓的事前準備，接踵而來的新挑戰，讓我必須不斷地來提升自己的能力，沒辦法停下來休息，只能往前走。

冬盟開始後就要用最好的方法落實執行冬盟的主辦，為了比賽精采度，首先要邀請日本社會人球隊，再藉由拜訪日本職棒、韓國職棒來請他們組成堅強的隊伍，比賽才好看。中職方面亦然，中職聯隊若打出好成績之後，隔年底才會派更好的球員來參加。

於此同時的另一個新挑戰是準備與德州農場系統棒球學校合作，僅用了半年準備期就邀請整個學校教練團，漂洋過海來指導我們的教練與選手。這是一個創舉，過去就是派人去參加美國棒球訓練學校，學習人數也不能太多、又要坐飛機去美國，如果能讓他們全體原汁原味來台灣指導，復刻美國學校的學習環境，可以讓更多台灣選手學習。很開心關關難過關關過，活動順利完成。當投手營結束時，本想說可以喘口氣，結果，1 月份又緊接進行芝加哥打擊訓練營，主要想讓本土教練探索新的訓練方法，這是我在二〇一六年去芝加哥參加打擊營後，想推動的一些新的打擊訓練方法，就像恰恰之前去美國芝加哥自費訓練與頂尖選手一起練習，不斷地找出方法、不斷地堅持自己、不斷地進步。

之後我陪同吳志揚會長去拜會各球團董事長爭取連任，最終獲得支持，能繼續第三年秘書長的任務。從之前會長和我提到我的任期可能不到一年時間到後來三年期間，相信這樣的改變也是種對聯盟當初選擇的肯定。因為我只能不斷去挑戰舞台去發揮，才能將設定目標都一一達成。我的個性就是不只是相信時間可以證明一切，還要把握機會，不要把自己的機會流失了再來後悔。努力去做，不管花多久時間，在此同時也藉此尋找更多舞台去發揮，培養更多人才，由事件中去得到經驗。因此藉由這些故事分享給讀者，每當接到一個任務時心態很重要，假設沒有先從本位來思考，就會有許多的盲點，但也可藉此從事件當中體驗自己可以承受多大的壓力。

若因為不敢犯錯而選擇平順的路，就會發現**不做突破就不會帶來改變**。剛當秘書長時不被看好，但我盡力去學習，投入所有的精神，學習如何當一位有承擔的領導者，當然改變需要勇氣，相對也要有被討厭的勇氣，相信團隊的建議，才能不斷地突破現況，包括我個人的學習，每當天馬行空想法出來後，要將活動執行就會有一種既期待又怕受傷害的感覺。當時每一個活動都要用專案去執行，業務部門戰鬥力就特別需要，幾位即戰力凱評、士棋、萃瑜還有姜姜這幾位都陪同我們一起去拜訪企業爭取贊助，相對必須有一份很棒的活動企劃書，所以規劃的同事也要去，人手不足下，同時還要做設計，這樣的工作絕對不輕鬆，好多的活動堆疊起來造成跟不上的同仁就離開了，留下來的同仁真的能看到聯盟的進步，例如第二次的投手營是國際組吳含茵接起這個重擔，兩個星期活動哭了兩個星期，看到她從不懂到不斷找同事協助，終於才能順利完成。

看到佛州棒球負責人讓我印象深刻，連續合作兩年就看到大家的成長，身為他們的長官，真的覺得很幸福，一個好的舞台能讓投入的同仁成長，這就是我們不斷有動力的原因，就是有舞台可以發揮。我從一位漏接失敗失去了奧運門票的罪人，進入職棒環境遇到給我機會的教練，用心陪伴我去適應舞台，激發主動學習的態度，勇敢面對失敗才能成就自我，相信互利就不會有敵意，當我成為領導者就是彼此一樣的態度，團隊強才能贏球，分工合作才能互相提醒，共同面對困難，才能克服困難，現在我就是用這樣的理念走下去，相信舞台是創造自我價值最直接的地方。

◆教授專欄—方信淵◆

專業分工

在中職聯盟的服務經驗中，發現要讓一個龐大的組織團隊運作，真的不是一件簡單的事，因為這當中牽涉到許多的專業，每個不同部門的同仁有其不同的專長，因此專業分工就顯得相當重要。

在現代組織中，專業分工是一個非常重要的概念。專業分工是指把工作分成不同的專業領域，讓每個人可以專注於自己擅長的領域，從而提高工作效率和生產力。

專業分工有以下幾個好處：

1. 提高效率：將工作分配給具有相關技能和知識的專業人員，可以有效地提高工作效率。這是因為這些人員擅長且熟悉自己的工作，可以更快速地完成任務。

2. 提高品質：專業人員通常具有更高的專業知識和技能，能夠提供更高質量的工作成果。這可以增加客戶對組織的滿意度和信任度，提高組織的聲譽。

3. **降低成本：**專業人員通常具有更高的技能和知識，因此可以更有效地解決問題和挑戰，從而降低成本。此外，專業分工可以避免重複工作和浪費，進一步降低成本。

然而，專業分工也存在一些問題：

1. **組織分化：**專業分工可能會導致組織內部分化。不同的部門和職能單位可能會自行操作，沒有協調和交流。這可能會阻礙創新和協作。
2. **對於整體目標的忽視：**專業人員往往只關注自己的工作，忽略了整個組織的目標。這可能會導致缺乏整體性的視角和策略，影響組織的長期發展。

因此，在施行專業分工的同時，組織需要建立良好的溝通和協作機制，確保各部門和職能單位之間的協調和交流，並明確整個組織的目標和策略。這樣才能充分發揮專業分工的優勢，實現組織的長期發展和成功。

3-4
運動科技輔助，創「科學魔法投打營」

近年來都在談運動科技的訓練，看到國外都結合科技讓選手能有效地訓練，在大聯盟現在就是利用科學的方法來評估選手未來性。我在二〇一九年14天走訪美國12個城市，去看台灣球員在小聯盟打拼的選手，看到他們的辛苦，我與王建民去關心他們，以王建民在過去的經驗去鼓勵他們。王建民在小聯盟打拼的甘苦談，真的很辛苦，尤其小聯盟的比賽真的很偏僻又在異鄉打拼，我最有印象值得一提的是我們去過的小聯盟從低階1A到3A都有個入的小房間，比賽中或比賽完馬上就可以看到自己當日比賽的資料與影片，我私下詢問結果發現這真的是每一支球隊都具備的情蒐分析室，掌握對手的資料，及自家球隊資料，讓教練、選手很清楚自己的狀況，或比賽面對投手的策略。有一次我到水牛城看林子偉選手，問他比賽時拿出一張卡片，問他這是什麼功效呢？原來是站位佈置資料，他都放在帽子裡面，他說放在褲子裡面怕卡片濕掉了，而現在已經有特製的護腕，之前只有捕手才戴，現在所有防守員都會戴著這個守備，選手很快就會定位。我私下詢問我是否可以參觀一下？因為有的球場是不能讓外人參觀的，還好有王建民陪同，就有更多的機會看到不同的東西，當時我就是不斷地去看小聯盟環境，帶一些資訊回來給當時二〇一九年12強的情蒐小組，去美國訂特製的護腕，成功跟上國際的腳步，看到所有小聯盟球場都會架設高速攝影機來分析當天在比賽中的各種數據，小聯盟在訓練場地有台機器立即打開看打擊時動作、投手投球時投球機制，就能立即看到自己的小動作，有哪些看不到、沒有注意到的地方。反觀我球員時代都是靠感覺，沒有客觀的說法，大概是就用結果論的方式來指導選手，近年來利用科技輔助來訓練選手，就有降低一些盲點，提升訓練的品質。現在資訊爆炸，要跟得上時代，就是要不斷地收集更多資訊來協助在球員、教練們的身上，有科技不使用那是非常可惜的事，目前最常使用的就是結合運科技術員與基層教練身上。真正受惠的是選手自身，因為可以防止選手的運動傷害擴大，不過目前還有一段路需要去努力。

記得王建民在肩部手術後，六年間在大聯盟小聯盟起伏不定，在他的紀錄片有提到最後接受德州棒球學校後，改變了不同的觀念，原本之前會害怕再度受傷造成無法再上場投球，再加上不熟悉的重球訓練方式，對王建民來說都是心理的煎熬，當時他心裡懷著的是會不會因此受傷這樣的疑慮，要讓一位大聯盟有輝煌戰績的選手接受並做出改變，真的不是件簡單的事情。

還好利用運科的監控，利用強化手臂的力量、影像分析，投球出手點角度分析、投球投出的轉數成長，利用不斷強化手臂全身爆發力有效地訓練，最重要利用大數據來評估落實在有效的系統訓練之下。因此王建民在二〇一六年重返大聯盟，絕對不是靠著幸運，而是靠著團隊合作去完成的重返榮耀感人故事。我在接秘書長時就跟王建民的經紀人張嘉元討論，由他牽線我親自去拜訪佛州棒球學校，獨自一對一的佛州 Randy 上課，安排課程讓我親自去體驗了解訓練方法，目的是可以讓台灣基礎教練了解魔法學校用什麼樣的方式讓選手起死回生。而這真的要去親身體驗才清楚，運用高速攝影機影像分析就能從投球影片中馬上了解自己剛剛投球練習時的問題，可以看到自己肌耐力的不足，再討論不足身體強度來做訓練，有系統的技術訓練，包括了體能訓練檢測，可以追蹤自己身體的數值是否提升，這是現代棒球訓練的基本配備。

台灣基層球隊是否有這樣機會去了解德州棒球學校的訓練？從看到選手

投球後馬上修正，看到教練運用鷹眼般的儀器來分析，看到分析後讓選手很快就了解自己的問題，看到美國教練與選手訓練上的互動，這些確實都是台灣教練與選手之間少見的模式，才讓我下定決心要將德州投手系統引進來台灣，雖然難度很高，好在有體育署、台北市政府支持，加上中國信託基金會冠名贊助，才能有機會成行來到台灣，由王建民為主，讓台灣教練更能了解魔法學校的價值，了解有效提升教練訓練球員時可降低的盲點，最後讓教練有更好的方法來指導選手。

我在現場有下場去測試打擊，立即看到指揮棒速度數據，擊球時的角度，看到自己的影像數據，打第一球到第十球所有的數據出來就可以了解狀況。台灣基層球隊是否有這樣的器材，各縣市據點定期檢測選手的狀況，可以收集每一位選手從小到大的數據，可以掌握許多可以研發的訓練方法，相對讓基層教練能有基本運科的概念，現在就是要好好的利用國際的方式，一起提升訓練環境，讓教練有數據跟選手說明優缺點，找出科學化的訓練方法，這是我在二〇一七年就準備要去執行，慶幸真的很順利完成投手營、打擊營，都有不錯的效果。

另一個故事就是二〇一九年12強情蒐小組成立，結合專業教練、情蒐人材一起組成情蒐小組。當時請鄭漢禮搭配林聿文，從二〇一八年開始規劃，收集國外球探的經驗，整理成讓教練團、球員們都能立即看懂的格式，12強比賽中就讓情蒐小組進去球員休息室，立即讓教練團、球員能很快拿到對手的資料，讓選手很快對對手球員有熟悉感。在12強比賽之前，情蒐小組必須去當地國家蒐集球員比賽影片，再去國外大數據公司買他們的資料來比對，剛開始按名單就要開始蒐集這些，都需要統計整理、剪輯影片，比賽越來越接近是名單會減少，找球員的比賽資訊更精準。情蒐是相當繁瑣且很費力的，看到情蒐小組沒有休息時間，不分晝夜分析整理資料運用以及分析出的結果在比賽前貼在休息室，比賽中的影片分析立即比以往做得更細緻，比賽中的影片分析可以給選手、教練馬上有依據，在有限的經費發揮最大的效益。從國外的經驗提供給我們情蒐小組，如果用平板電腦給每位選手、教練看資料，既環保又可以隨時查找資料，相信這是未來國家隊的基本配備，我們沒做到的就交給下一棒團隊，我相信用運動科技的方法來提升訓練效率才會有出色的成績。

◆教授專欄—方信淵◆

運動科技

運動科技是指將科技應用於運動領域，以提高運動表現、測量運動數據、改進訓練和預防傷害等。隨著科技的不斷進步和運動的普及，運動科技也在不斷地發展。

以下簡單說明幾個運動科技的發展趨勢：

1. **數據分析：**運動數據分析已經成為現代運動的一個重要組成部分。運動科技可以收集運動員的運動數據，分析他們的表現，從而幫助教練制定更加有效的訓練計畫，以提高運動表現。
2. **穿戴式設備：**穿戴式設備可以收集運動員的數據，例如心率、步數、運動時間等，這些數據可以用來評估運動員的表現，並為教練和運動員提供實際反饋。
3. **虛擬實境(virtualreality,VR)：**虛擬實境可以幫助運動員在一個虛擬的環境中進行訓練，以提高他們的反應能力和技能水準。這種訓練方式對於需要高度精確度的運動，例如射箭、高爾夫球等非常有效。

4. **機器人技術：**機器人技術可以幫助運動員進行物理訓練，例如重量訓練、平衡訓練等。這些機器人可以根據運動員的體型和力量水準進行調整，以提高訓練的效果。

5. **3D列印：**3D列印技術可以製作出高度定制化的運動裝備，例如鞋子、護膝等。這些設備可以根據運動員的個體差異進行設計，以提高他們的運動表現和減少受傷風險。

隨著科技的不斷發展和運動的普及，運動科技將會發揮越來越重要的作用。運動科技可以幫助運動員提高表現、減少受傷風險、改進訓練和提高運動體驗。同時，運動科技也可以為運動產業帶來新的商機和發展機遇，隨著科技的不斷進步，我們可以期待更多運動科技的創新和應用。

例如，運動科技可以幫助運動器材製造商開發更加智慧化和個性化的產品，以滿足消費者對於高品質、高效率和高度定制化的需求。此外，運動科技還可以為運動品牌提供更多的數據分析和市場觀察，以幫助他們制定更加精確的市場策略和品牌定位。

在運動場館方面，運動科技可以幫助場館管理方提供更加便捷和智慧化的服務，例如智慧停車系統、行動支付等。同時，運動科技還可以幫助場館提高運動設施的使用效率和經營管理效能，以提高場館的經營效益和服務品質。

3-5 秘書長的全方位溝通橋樑法

中華職棒三十年可以呈現什麼樣的活動？這是我接秘書長的第一年的活動，很重要的是從中能用什麼形態呈現出來呢？

首先我就先從內部想法來做討論，中職大約每二週會開幹部會議，了解賽務狀況，宣推活動進度，從會議中可以了解各部門工作內容執行狀況，這是過去例行的會議，我認為是很好的傳統，有些修正部分就是請各組準備完整資料給我，在報告中會比較好知道遇到問題要如何解決、最後決策。

第二個要求各組開會前需要有各組會前會討論，讓各組組員都能有參與的機會，這才能了解第一線同仁的意見，相對各組能有互動這樣才能發揮團隊合作精神，也就是要大家都參與，才能了解決議後執行的進度。

從聆聽同仁的意見，如何讓職棒30週年能呈現什麼樣活動給球迷們，再度喚起球迷記憶，可以再走進球場來支持中華職棒呢？我就先討論幾個方向來做規劃：首先請同仁把中華職棒這三十年來的文物整理出來分類各年份重要文物，才能讓大家看到三十年來的歷史。第二再去找外部專業團隊詢問一個企業或組織已成立三十年時都會辦哪種型態的活動，來表彰中華職棒在市場三十年的歷史是不簡單的企業，站穩30週年以上的企業組織確實有不簡單的企業精神，應該會用什麼樣活動呈現出來給大家？

我之後立馬先拜會文總會副秘書長李厚慶先生，當我請教他中華職棒30週年活動有什麼建議，他建議一定要利用這次30週年來喚醒國人對中華職棒更加認識更加了解，中華職棒已經發展了三十年一定要辦好這個活動來被國人肯定。記得會議中他問我什麼時候加入中華職棒？我說一九九九年、職棒10年時加入的。他繼續問那在這之後二十年間對一個球員印象中哪個人事物是可以代表的呢？我說棒球先生李居明前輩可以代表人物，他開始給我方向，就像搭上時光機回到每個時期的大事件，如何讓球迷有感呢？我回答從我初登板是台北市立棒球場，是棒球發展很有歷史的球場，一九九〇年職棒成立就是在這個棒球場舉行，可是在二〇〇〇年台北市立棒球場改建成目前的台北小巨蛋。我想利用科技ＡＩ的概念，是否能將台北市立棒球場重現呢？而天馬行空的想法讓會議上的夥伴們來討論是否可行。

會議中，大家認為這是很好的想法，於是就往這個方向去思考，最後達

1997
1998

成共識。當時我提到30週年活動是否可以跟文總合作？當時文總在轉型，棒球又是台灣的國球，可以讓棒球變成台灣的文化之一、又可以代表台灣的精神。當然有好的想法就要有好的專業團隊來協助合作，才能創造高水準的活動。將好的活動呈現出來，相對成本非常高，第一次會議決議以策展方式來呈現，第二次會議就開始邀請專業團隊來評估活動成本，我們邀請啟藝策展單位來報告說明，要成行基本費用要多少錢呢？大約需要三千萬左右，當下我心裡想難度太高了，因為聯盟在辦活動基本上都是專案去找經費將活動呈現出來。費用太高、執行難度也高，當時聯盟同仁有私下問，之前有一場中華英雄展覽虧了兩千萬，側面來說也是暗示這樣的規模壓力會很大，「如果虧了兩千萬怎麼向球團交代呢？」

還沒開始就面臨放棄，但台語有一句成語「頭洗下去、拼下去了」，記得有一位主管來告訴我一定要這樣硬辦下去嗎？如果影響聯盟的運作怎麼辦？團隊有可能會停辦！二〇一八年9月15日是決定要不要辦的最後期限，我在前一天9月14日邀請相關同仁開會討論最後決定辦與不辦，如果決定不辦就可以立即停止30週年展的規劃，在會議討論中我也提到我們在二〇一八年4月做可行性的評估之後才決定要做的，雖然有難度但可以一一克服。最後開會決議所有的決定所要擔的所有責任皆由我來承擔。最後謝謝同仁們同意一起打拼為中華職棒30週年辦出一個被球迷肯定的活動。當幹部確定要辦30週年展，我就立馬去跟吳會長報告徵求同意，之後開領隊會議來報告辦理30週年展的活動內容徵求球團同意，最後感謝球團給我們一個機會順利地辦理。在經由大家的同意之下開始進行分工合作，啟藝專業團隊去執行，花錢不代表就是老大的心態很重要，四個組織一起討論分工同步進行，文總會負責行銷，中職負責文物找贊助，啟藝規劃展覽，數位工程師團隊負責台北市立棒球場重現的科技，這樣的合作真的很明確，關鍵就是他們都是中華職棒的球迷，看職棒長大，做起來都很有衝勁，最後辦出30週年特展，呈現出來給中華職棒球迷。

中華職棒30週年特展前半段很辛苦溝通，因為前面太多太多的石頭擋住在路上，大家都沒有這樣的經驗，有大家堅持才會有成就一場5萬人以上的球迷來參觀的特展。關關難過關關過，從一開始不斷請教專業，進一步溝通與專業團隊合作將30週年特展呈現出來。不斷地面對挑戰，讓球迷認同的展

・MLB 道奇隊
首度來台比賽
・巴塞隆納奧運
中華隊獲得銀牌

苦練決勝負，人品定優劣
Hard training makes winning or losing.
Good character makes superior or inferior.
GUARDIANS

覽，創造不同的話題，記得當時用球棒做大事件時間軸，收集一千件以上的展品，找老球員回來再度給球迷鼓勵，我相信如果沒有這些前輩打下的基礎，就沒辦法有中華職棒的舞台，感謝前輩們的付出。

在此我要分享一則小故事就是當我決定要辦展覽時，第一個找的贊助單位是職棒教父洪騰勝董事長，告訴洪董事長30週年特展是因為有他當時的堅持創立中華職棒，已經歷三十年了，這是回顧這三十年來的點滴。最後洪董事長個人贊助一百萬才能開啟展覽的門，讓我更加有信心一定要完成30週年特展的任務。洪董事長82歲成立了名人堂花園大飯店，讓國人可以看到兄弟成立的精神值得佩服，於是我就將30週年特結束過後移動展覽物品放到名人堂花園大飯店常駐。之後全力協助中華職棒相關授權的項目，與中華職棒合作一起推廣棒球運動。回想如果沒有堅持對的方向去做，就不會成就一個得到德國紅點設計獎的中華職棒30週年特展，感謝一路上的團隊合作，球迷及前輩們一起為中華職棒努力。

◆教授專欄—方信淵◆

行銷策略組合的第 5P

前面提到行銷策略組合有 4P，發展至今，常有人把公共關係（Public Relations, PR），加入成為第 5 個 P。行銷組合的公共關係（PR）是指在行銷組合中，通過與媒體、利益相關者和其他外部組織建立和維護良好的關係，來促進產品或品牌的知名度、形象和銷售。

公共關係（PR）是一種管理組織與公眾關係的專業技能。在行銷組合中，公共關係主要有以下幾個方面的工作：

1. **建立和維護媒體關係**：與媒體建立良好的關係，將企業的故事傳遞給消費者和利益相關者。
2. **策劃和實施公關活動**：通過舉辦新聞發布會、贊助活動、公益活動等方式，提升品牌知名度和形象。
3. **危機管理**：在企業面臨負面事件或危機時，及時應對和處理，保護企業聲譽。

4. 社交媒體管理：在社交媒體平台上與消費者互動，回應消費者的問題和意見，提高品牌關注度。

5. 建立和維護利益相關者關係：與企業的利益相關者（如政府機構、非政府組織等）建立良好的關係，實現合作共贏。

行銷組合的公共關係（PR）在整個行銷策略中起著重要的作用，通過有效的公關工作，可以提升品牌知名度和形象，增加消費者對產品的信任和忠誠度，進而促進產品的銷售和市場佔有率。

二〇二三年的世界棒球經典賽，雖然最後中華隊不能如我們期望打進複賽，但A組預賽在台灣造成轟動，中華隊的二勝二敗戰績，每一場都牽動台灣球迷的心。我們來看一下，世界棒球經典賽的公關策略活動包含些什麼？

1. 球隊推廣：在比賽前，球隊會透過社交媒體、網站、電視廣告等多種通路，宣傳和推廣自己的球隊。他們會分享球隊的歷史、球員的故事和成就，以及球隊在比賽中的表現和期望。

2. 贊助商合作：世界棒球經典賽有許多贊助商，他們會與賽事和球隊合作，提供贊助和支持。這些贊助商會在比賽中進行廣告宣傳，例如贊助牌匾、場館裝飾和球隊球衣等。此外，他們也會透過社交媒體和其他通路，宣傳和推廣比賽和球隊。

3. 媒體報導：世界棒球經典賽吸引了來自世界各地的媒體關注，包括報紙、雜誌、電視、網站和社交媒體等。這些媒體會報導比賽的結果、球員的表現、球隊的故事等，進一步推廣和宣傳比賽和球隊。

4. 球迷互動：世界棒球經典賽期間，球迷可以通過網站、社交媒體、球場活動等多種管道，與球隊互動和參與。例如，中華隊出戰巴拿馬，請來超重量級、前大聯盟洋基隊守護神李維拉，來擔任開球的貴賓，賽前更與少棒小球員練習傳接球，傳授棒球心得。

第四章

聯盟決策與企業行銷營運結合

4 聯盟決策與企業行銷營運結合

4-1 企業須營利，創造自我價值

在秘書長期間了解到各球團的營運都很辛苦，中華職棒發展有三十年以上，只剩下統一獅是碩果僅存沒有轉賣過的元老球隊，其他目前球團至少都有轉賣過一次以上，連味全龍解散二十年後再度加入職棒大環境，確實不容易，記得在拜訪企業加入中華職棒時所遇到困境，就是用傳統經營模式，報表來看球隊經營，就確實會有難度說服企業加入，國外職業運動是一個很廣義的思維去看待，有利潤才能讓球團經營下去，經營沒有利潤時那就做不成任何事，相對市場評估確實很重要。

最近傳出加州天使隊要轉賣的消息，市值 600 億台幣的身價確實是很驚人的數字，而中華職棒轉賣最大的交易是日本樂天買 Lamigo，當時讓大家都非常的驚訝，另外提到引領中華職棒主場經營的球隊，我個人對劉介廷領隊非常佩服，看到他經理人的專業知識，很敢用符合新潮流創新活動，結合企業不斷地用主題日的活動來吸引球迷進場，結合在地文化，演藝圈明星來賽前開球，球賽結束後球場開演唱會增加收入，都能讓許多球迷與企業買單，一句話就是「錢的味道在哪我就在哪」。這句話就很清楚告訴大家，要了解運動產業，早期職棒經營者是中小企業，現在都是有專業經理人的概念，跟早期家族人員來領導球隊有差異，有好有壞。現在每次球團領隊都是要跟董事會交代，中華職棒走到現階段，就是企業管理模式講求利潤。我與大家討論職業球團的價值如何評比？這是個有趣議題，看著每支球隊在春訓開始之前，就會設定「總冠軍」目標，這是每支球團最需要的業績——「總冠軍」。

總冠軍就是只有一支球隊，其他球隊就是陪榜，以台灣總教練來看是壓力非常大的工作，又是燒腦的工作，記得我接過三場一軍代總教練，真的很辛苦，更何況是正職總教練，那個勝負壓力很大。我有一次去問洪一中總教練如何堅持總教練這位子維持二十年，有什麼小祕密呢？他簡單回答就是自律性要非常高，才能堅持這二十年。二〇一九年12強複賽中華隊對美國隊，當時總教練洪一中有想要換投，又看數據差不多可以換，當先發投手告訴總教練說他想要繼續投下去，看到洪總當時就答應先發投手繼續投下去，他告訴我看到選手鬥志感動他，雖然結果下一顆球被擊出全壘打，最後輸掉比賽，洪總對於選手信任，所以他也就一肩扛起勝負結果，看到洪總信任球員的表情確實讓我感動，最後輸球看到球隊氣氛很棒都互相鼓勵。從細節上看到好領導者要有高度、有承擔、有經驗。之後投手向隊友們抱歉，看到不捨的畫面，這是好的球隊特質，每一位選手都負起責任，確實壓力非常大，值得國人鼓勵每一位穿上國家隊的球員。

這兩個故事可以看到團隊設定目標，是一個很重要的課題，都是要盡力去做好。難能可貴的就是在短期比賽中要去整合選手教練在場上一致目標，能大步前進，最後成功地達成目標，這是好的領導者具備的特質。二〇一九年12強這一次比賽可以看到洪總帶隊功力，是近十年來一級賽事成績最好的一次，確實值得後輩去學習與參考。所有國人對國家隊都非常關注，在這樣的情況下當然要找出一位領導者，可以整合創造一支台灣最強的國家隊，終於靠大家的努力，邀請洪一中總教練擔任國家隊的執行教練出來號召，利用洪總領導能力整合，這一支台灣最強國家隊，朝著勝利之路方向邁進，打出感動過人的比賽，很可惜最終只拿到第五名。

從二〇一九年12強比賽來談組、訓、賽是一體，台灣比起其他國家主辦棒球比賽是效益最好的，在成本考量上是花費比其他國家來得便宜，進場人數、關注度是高，相對高報酬，當然會是許多行銷公司努力爭取國際賽授權。但往往會比預期辛苦，因為主辦門票收入會因中華隊成績影響好壞而影響球迷進場考量。台灣球迷都是愛國情操非常高，所以就會反應在票房上，二〇一九年12強為例從預賽就很刺激，中華隊擊敗前二場對手，6：1擊敗波多黎各，3：0擊敗委內瑞拉，順利拿到複賽門票，讓國人非常振奮。看到有機會拿到奧運門票，相對看到主辦單位在門票收入上是很樂觀。這就是職業運動的魅力，當大家聚焦就有商機，贊助商露出品牌，相信會是對贊助商有最好效益。進入複賽又擊敗韓國隊，更讓國人沸騰起來，球隊氣氛是最棒，相信自己國家的球隊有機會拿到奧運門票，前進東京奧運。雖然最後沒拿到奧運門票，但相信大家的拼勁已被國人肯定、感動整個球隊每一位夥伴，大家都以球員為榮。

二〇一九年國家隊後勤人員真的很辛苦，看到他們在那段時間都是睡不到三小時，盡力服務球員讓他們專心在球場上發揮。

二〇一九年12強比賽整合許多過去大家都會有衝突的事件上，謝謝三位長官都很有遠見，讓我順利去溝通完成三方協議書，未來國家隊一級賽事都由中職來組訓賽。當然另一個重點就是找洪總來擔任國家隊主帥，在他的領導整合之下，發揮出來團隊合作精神，讓國家隊被看見，讓國人看到最強中華隊。好的領導者確實有能力帶領團隊，朝向致勝目標前進。企業管理跟職業運動管理很接近，所謂職業運動就是商業模式，所有都是以商業考量為基礎。記得我是兄弟象第一位拿到新人王的球員，我從一九九九年9月21日報到兄弟象隊之後開始上場556場不中斷鐵人出賽紀錄，在這六年半間都持續下場比賽，二〇〇七年球季結束之後，接到球團電話，有新人王勝偉加入需要人事調整，要我轉教練或是自行找其他球隊機會，這是我第一次在職場上選擇，職棒場上講求是戰力，不再是球隊戰力考量，就是準備被淘汰。資深球員都會有迷失在過去對球隊貢獻而忘記往前走，不管過去貢獻如何都是過去式了，球隊是需要以總冠軍為目標，簡單說就是要贏球的團隊，當不符戰力就是要被年輕球員取代。

相對企業也是需要戰力，無法提供戰力讓公司有利潤的話，公司是不會等人，因為新人是可以取代原來不符戰力的員工。

我在這時候開始就有認知，沒有退路就只有往前走，當沒舞台時就是要檢討自己不足的地方加強自己，重新調整腳步努力去開創自己新的舞台，才能讓自己成長。用運動員心態去面對挑戰，我當時就接受二軍教練一職，首先設定目標要如何學習當好一位教練，先從過去自己在選手時，不喜歡教練的指導方式、不好行為，都要去提醒自己不要這樣做，要以身作則。有時看到教練們為了生存，就用服務球員的方式，而不是指導球員或是提醒球員，時間久就會標準不一，教練場上領導能力就會被質疑，雙向溝通是成為好教練的基本配備。好的教練要有能力制定球隊規範，讓球隊能有好的制度，讓球員去遵守，職業球隊目標就是總冠軍，企業一樣會設定目標，都是要經由練習才能達成目標，主動出擊創造機會。回想這些年來我在職棒環境學習到就是勇敢去面對挑戰，找出自我價值，若不努力提升自己，就會被取代沒有舞台，因為現實舞台只會給有戰力的人，不會給投機的人。這點可以從我的學弟恰恰彭政閔身上可以看出來。恰恰在當年度說要引退，消息一出來，每場球迷人數都爆增，當然球團也隨之而來產生商機，這就是個人品牌價值，堅持選擇中華職棒舞台，陪伴著中職球迷十九年時光，這樣的球員確實不簡單，恰恰就是自律性高，愛惜自己，才能讓恰恰個人品牌被球迷肯定。

我在聯盟就跟同仁討論明星賽、投手營、30週年特展，都是大型活動，告訴同仁要對每一個專題活動，都是要用盈利的方向去規劃，要不斷地了解商機，從電視轉播權、冠名權、授權商品價值、精準抓出成本、讓活動能至少不虧錢為目標，在內重點建立獎勵辦法給員工福利，要從所有細節一個一個去討論。

舉例二〇一九年明星賽，活動內容上有大轉變，明星隊與中華隊比賽「定調璀璨新光」。明星賽有兩件大事件，第一個重點是12強在年底開打要爭取奧運門票。另一個重點是恰恰彭政閔，永遠的人氣王二〇一九年參加明星賽，也是告別明星賽，這兩個主軸帶動球迷進場意願，有別以往的方式用中華隊的模式爭取東京奧運門票機會，球員讓洪一中總教練來整合戰力，提早熟悉彼此。另外有個話題邀請業餘球員合庫選手吳昇峰選手破天荒參加明星賽，突顯職棒主導就是考量只要是好手都不能錯過明星賽。明星賽組織表在秘書長執行長下面分三組「賽務組」、「活動宣傳組」、「行政組」。賽務組就是負責選手紀錄場地裁判。活動宣傳組就是行銷宣傳、活動宣傳、新聞媒體公關、活動招商。行政組就是負責保險貴賓招待聯絡缺一不可。在有限的人力去做整合，發揮最好的宣傳，才能讓貴賓能賓至如歸，就要靠團隊發想活動，才能讓球迷進場，贊助廠商能驚豔。抓住每一個時機點，把握每場的記者會要抓住亮點，經費的來源從賽事冠名權、球場大螢幕廣告、比賽球隊的冠名、本壘後方的看板，還有許多的地方，只有球場看得到的地方就是可以賣廣告。團隊中要有好業務員是需要培養的，業務員要提專案活動，贊助商需要什麼內容，金額多少可以做的活動，可以讓廠商一起共襄盛舉，規劃贊助方案提供不同的選擇，企業贊助真的是一門學問，是非常繁瑣但有趣。我還是靠著過去球員的精神，一樣團隊合作以商業為考量，不斷創造新的話題在二〇一九年明星賽創造許多商機價值，最好的方法就是不斷地思考，如何吸引廠商一起支持，更要用盈利角度去思考才能達到目標。

◆教授專欄─何信弘◆

從推到拉(From Push to Pull) 1

創造價值漩渦

正如二〇一九年明星賽的各種創新嘗試，努力為顧客創造價值漩渦，避免一次性的消費或者活動，而要朝向深度的連結，重新找到創新的分歧點。

在市場高度分眾化的休閒娛樂產業中，多數人都了解，市場主導權已經由賣方轉向買方，因為能夠提供休閒娛樂服務及內容的來源不僅多樣且還需要面對全球性的挑戰跟競爭，以中華職棒為例，日本、韓國、美國甚至其他國家的棒球運動競爭只是最基礎的挑戰，我們早已脫離過去休閒訊息來源單一，或是要取得國外休閒資源門檻極高的情境了。因此，在這樣的環境下，「從推到拉」的管理思維就更趨重要，其核心是「顧客為尊」。

「推」就是傳統的備貨式生產方式，公司製造市場可能需要的物品，透過 maketostock 的方式，先做好物品再來決定透過什麼管道、形式跟策略銷售，企業扮演的就是把商品「推」銷給市場的策略，以棒球運動為例，職棒剛開打，除了現場看球，就是透過電視、廣播或者隔天的報刊來取得相關的休閒效益，經營者只要關注如何將「產品」推銷給消費者。

這樣的理論，就有如運動員從小訓練並且逐步邁向職業運動員的過程，像棒球選手把自己做好準備，進行各式各樣的訓練、強化、慢跑、守備練習、打擊特訓、讀訓練的書籍……然後，把自己設法推銷給各個職業棒球的球團。

進一步進入職業運動之後，球團就變成了另一個「推」的行銷者，要將球員招募進來，進行訓練後，投入比賽，並透過聯盟跟球團的各種策略去「推」廣、「推」展給球迷。

然而，從「推」到「拉」又是另一個層面的思維跳升與挑戰。

先去思考、去了解、去探詢、去研究這件事情：「市場需要的是什麼？」，然而，其實許多職業運動管理者、經營者都是努力從消費者的需求這樣的角度去思考。

參考書目：奧利佛‧葛思曼、凱洛琳‧弗朗根柏格、蜜可萊‧塞克（2017）。《航向成功企業的55種商業模式：是什麼？為什麼？誰在用？何時用？如何用？》。台北市：橡實出版。

4-2 最強的行銷策略，創造更多商機

職業球團是企業所組成，球員是球團的商品，當然球迷是消費者，早期職棒在草創時，都像是競技運動方式，就單純比賽，場內球迷就是單純看球，從桃猿隊開創全猿主場，加上啦啦隊開場舞，改變商業模式看球年代，現在經營職棒隊就跟經營一間公司滿接近，總教練要扛戰績壓力，相對公司總經理要扛公司業績，都是一樣要去面對最辛苦的壓力。台灣職棒總教練真的沒有成績很快就有可能被換掉，記得我在過去義大犀牛隊時期三年內就經歷五位以上總教練，加上我自己代理過三場總教練，代表當時是一支非常不穩定的球隊，當一間公司不斷換總經理的話，那這家公司不斷換經營團隊，代表有問題公司。

當年義大剛買興農時二〇一三年拿下上半季冠軍，有美國大聯盟球星曼尼，短期三個月加入中華職棒，從成績、話題、票房、收視率、商品都開出好成績，剛開始用曼尼旋風就有打響義大職棒隊名號成功行銷，讓比賽票房都開出紅盤。可惜就是徐生明老師去世，整個團隊就不斷往下掉，就像公司

經營團隊無法達標就是準備被取代，這是職業運動員面臨現實環境。

義大球團同仁要不斷去發想如何在時間有限三個月內不斷規劃新活動，發揮曼尼三個月合約的最大效益，也因此雖然他只簽國內這三個月，就讓許多球迷在曼尼來台灣職業運動環境來為他瘋狂，成功的行銷看到這職棒的本質，就是商業為主，以公司經營模式。從過去單純比賽為主，到現在進化的啦啦隊是另一個場外的主角，讓球迷更多選擇。在話題操作上真的是很有力道，以近年來看 Lamgo 轉賣給樂天為例，經營上就有不同模式，樂天是日系公司就是屬於日本球團企業模式在經營。在前兩年熟悉台灣職棒環境，第三年開始就成功打響台灣樂天在中華職棒品牌。為了更接地氣，培養更多在地球迷，從樂天接手球隊，冠名樂天青埔棒球場，又承租整個運動園區，這是一個新創舉的行銷策略，緊接著來改善座位的特別席，讓球迷進場有不同的感受，加強球場內貴賓室，經營增加企業進場看球的意願，提高合作機會，在主題日的創新，創造雙贏的商業模式值得進場支持樂天。樂天剛接手了三連霸球隊，但沒有將總教練留下來，年初一樣的球員但年末不一樣的成績，這是很有趣的話題，這也正是棒球迷人的地方。

職業棒球要能拿下總冠軍，要具備非常多條件，作為好的領導條件，要先了解球隊戰力是否有正常運作，再從管理階層開始互相信任，提醒團隊要往正確的方向走。另外重點就是教練團要了解球隊如何面對低潮，勝利時不能鬆懈，要不斷地觀察球隊狀況，有問題就需要找出解決問題的方法，就能立即改善，從內部溝通開始，通常內部教練團往往都會排斥面對問題、或啟動自我保護機制，最終造成球隊沒有解決問題，反而讓問題變大。舉例二〇二一年有跟樂天川田先生討論棒球議題，我有跟他提出我的看法，林立在球隊是很重要的選手，但二〇二一年因為守備的問題影響他表現。他是內野手出身，因太多失誤才去守外野，其實問題沒有解決，我就建議他們可以找日本守備教練來指導林立，一方面可以交流台灣教練，另一方面這樣才能解決林立個人問題，因為他年輕，能力條件又好，將守備基本動作重新訓練打好基礎，放在球隊需要的位置固定起來，只要他能固定上場對球隊的幫助會非常大。二〇二三年看到他的進步鎮守二壘大關，在球隊扮演非常重要的關鍵人物，讓他從比賽建立自信，發揮個人最佳表現，幫助球隊往勝利方向邁進。二〇二三年林立成績確實表現得非常亮麗，樂天球隊成績目前還是非常理想，從管理層面來看管理層的努力使一個一個選手成長也帶動球隊戰績不斷提升，一個球隊不會缺少一個人就不可運作，但若大家都沒有在場上就不會有比賽進行，團隊合作才是讓球隊贏球的方向。

二〇二〇年開始爆發疫情到現在，讓球隊真的很辛苦，尤其是二〇二〇年確診球員特別多，造成球賽停止，著實是球隊非常艱難經營的一年，樂天一度領先，卻因為主力球員確診，整個球隊戰績差一點沒辦法拿上半季冠軍，因為一軍的主力選手確診，要請二軍的選手來支援，還好他們撐過來了，最後仍然順利取得上半季冠軍，拿到總冠軍的門票，這樣的結果是好的，因為球隊上下能共同克服困難，相對從兩年間了解環境，找出經營球迷在地化。

目前**職業運動需要找出更多與企業連結的模式**，讓企業進入球場看球，讓球場不只能看球也會是一個很好的社交場所，要做到這程度，首先要提升球場的環境，讓企業老闆們能感受到進球場看球樂趣，就像在高爾夫球社交的地方一樣，才能創造球場商機。另一方面，球隊管理者絕對要讓球隊戰績保持好的成績，進而讓更多的球迷進場看球，球隊價值的提升，需要管理者不只往前看，更要不斷地思考如何提升團隊競爭力，再者如何讓更好的具戰力選手加入，讓球隊能保持良好的贏球狀態也很重要。所謂好的團隊是球隊在低潮時如何與選手面對問題，可以找出問題核心快速解決，才能讓球迷感受到自己球隊是強隊。而不斷地勝利能帶進更多的球迷，創造更多的商機，這就是職業運動迷人的地方。

◆教授專欄—何信弘◆

從推到拉(From Push to Pull) 2

傳奇教練的煩惱

職業運動不僅需要以追求總冠軍為目標，很現實的就是一年只會有一個總冠軍，要長期維持並不容易，回到以顧客為尊的角度，職業運動應該重視「價值與體驗」的創造，而這也是最好能「拉」動球迷進場以及透過行動支持球隊的核心。

過去球壇有位教練前輩曾分享帶隊去美國比賽的經驗，當時國家代表隊在一座大聯盟球隊的附屬球場進行練習，席間這位前輩有幸跟一位美國的傳奇職棒教練討論球場的經營，並讚嘆美國的球場即使是練習用的球場都盡善盡美，結果這位傳奇教練竟然說：「我們的球場太破舊了，球團決定重新翻修。」這位前輩立即詢問：「已經這麼美麗的球場，為了什麼要特別翻修呢？」只見傳奇教練不假思索地說：「好的球場才能吸引好的球員，現在年輕且傑出的球員，若看我們的球場破舊，都只願意去嶄新、美麗的球場，不翻修球場，選秀選到的球員也不一定能簽得下來。」

這也說明管理學上「拉」的概念，什麼是「拉」？從拉的哲學來看，其實是一整個價值鏈的貫徹跟決策，顧客們「拉」著一條長長的繩索，企業、球隊經營或管理的整個流程隨之牽動，價值鏈必須擁有極佳彈性，能夠及時回應（HOW），若從生產流程來看，公司會只生產消費者想要的產品（或服務所創造的體驗），並以最具效率的方式來進行，球隊呢？當然是生產消費者想要的球賽體驗，不論運動表現上或者情感連結上皆然。那位美國職棒的傳奇教練懂得從「顧客」的角度做思考，對於教練來說，他清楚他要服務的不僅僅是球迷，更是「球員」，球員若在意球場品質與環境，這就是教練該去爭取（生產）的，他非常清楚自己的主要職責，所以提出來的任何思考與想法都會環繞著這個目標去進行，對於球隊管理者也相同，他們的思考更可能是如同二〇一九年時以職業棒球隊經營為主題的精采韓劇《金牌救援：Stove League》中的台詞：「只要對球隊有利的，我一定會去做；只要對球隊有害，我一定拔除。」

參考書目：鄭英傑、張珍瑋（2021）。〈推來拉去之間？從「推拉理論」分析台灣人才流失與因應之道：以留美博士為例〉。《教育科學研究期刊》，66(2)，1-33。https://doi.org/10.6209/JORIES.202106_66(2).0001

4-3 疫情投出「世界第一球」的決策

在我還沒有進入聯盟工作時，對聯盟同事工作性質確實不了解，會用球團角度去看他們，把一些個人立場放進去，產生不太好的印象，再加上因為以往接觸的主要是賽務業務，大部分都是在球場上的工作人員，從裁判、記錄人員、到場務人員，宣推人員則是參加聯盟活動才有機會接觸到，不同的接觸面才會開始從不同角度理解聯盟活動立場。

有一個比喻：聯盟就是行政院角色、相對的球團就是立法院，因為立場不同，往往對同件事情會有些誤解，還好還能藉由領隊會議來達成共識，就像政黨協商一樣，要先有共識才能修過法令，所以領隊會議是很重要的會議。聯盟會長就是負責主持將各球團達成共識，才能讓聯盟同仁去執行。舉例二〇二〇年疫情開始蔓延，球季是否如期舉行，吳會長就提出先組防疫小組，同時邀請許多相關人員集思廣益，讓球團與聯盟都能了解當時疫情狀況，才能有因應方向。我記時當年 2 月去日本參訪時，看到日本電視就在報導武漢肺炎新聞真的很嚴重，心裡想這如果是在台灣流行起來，球季開打勢必會受到影響，如有這種狀況就要有所準備了。吳會長那時候問我有看日本新聞播出來武漢肺炎新聞嗎？我說我有看到新聞，我跟會長在日本時就開始討論回國要如何啟動措施因應，用超前部署來因應政府的指引做好準備，畢竟疫情確實在不知道什麼時間點結束。因此回國就請我們同仁開始動起來，先將防疫小組成立起來，成員由各球團代表兩到三人所組成，加邀請指揮中心專家顧問小組來指導我們。剛好陳宜民委員是流行病專家，就請陳委員來指導我們，以專業角度來提供專業建議。啟動防疫工作是一項巨大的挑戰，記得當時每天就是準時下午二點看著指揮中心記者會了解政府每一天的政策，聯盟團隊就會去研究如何因應。

首當其衝的就是當時六搶一奧運資格賽，再來球季開打時間由於舉辦資格賽所以提早開打，結果熱身賽快要開打時就是疫情開始爆發時間點，還好當時是二週內就要開一次防疫會議，之後就立即開領隊會議，決定啟動防疫執行計畫。看到疫情已經爆發出來，我們就先超前部署，趕快收集資訊請教醫生開始運作，先從熱身賽開始做進場的防疫動線的規劃，必須做好防疫工作才能進場。首先要先去購買紅外線的測溫度計，當時真的全台缺貨，都被醫院需求所徵收了，連口罩都買不到，就很清楚在台灣疫情已爆發了。不斷地看著指揮中心記者會，報導疫情目前狀況，看到國外的疫情爆發非常嚴重，疫情真的改變了世界上每一個人的生活。也特地下台南看熱身賽，並測試防疫進場動線實際了解進場動線，最重要的就是不能有發生確診的機會。當時真的不斷地感受到壓力，球團在開防疫會議時不斷提問討論是否要延賽的可能性？最後球團有一個共識就從 3 月14日延到 3 月28日之前決定，提早兩週是為了六搶一的比賽提前開打，現在又因為疫情爆發，影響台灣的各項生活。

大家都看著指揮中心每日的記者會，之後開會討論是否正常開打？國際組資訊報告說宣布六搶一比賽延賽資訊，當時我就在會議報告之後，看到球團擔心疫情，最後決定二次延期到 4 月14日，球團又開始延期準備，當時球隊已經春訓三個月以上的時間，真的非常辛苦。我有一次在指揮中心開會之前接到陳副指揮官辦公室長官來電，透過這通重要電話，才能直接跟陳副指揮官聯絡管道，要謝謝陳副指揮官團隊不斷協助，才能順利克服所有疫情相關問題。

當時決定４月14日的日子就是因為指揮中心擔心清明節之後會有一波疫情大爆發，所以希望能夠延後到４月14日再開打，這時間點我當時與陳指揮官討論之後帶回跟防疫小組報告後，再跟各地方政府做協調，最後確定４月14日為球季開打時間不再延期。

國外的職棒全部延遲，當然中華職棒也可以延期，可是接到領隊們的電話建議，如果不知道什麼時候疫情結束，那就考慮朝要開打的方向去規劃。所以球團具體要的結論是不要再延期，就直接在４月14日開打，就研擬出配合疫情的指引來做出一套防疫ＳＯＰ，當時壓力真的非常大。

首先你要先去溝通各球團所在地的地方政府去說明，了解他們的想法，基本上從防疫指引法令方向到執法，要跟社區防疫組討論一條一條的說明，終於在各方專家與學者討論之後達成共識，看到聯盟同仁很努力從零到有規範法令送上防疫小組確認同意之後再開始去跟地方政府討論，就看到所有的回覆都是同一個答案，就是延賽等到疫情結束之後再談，我就用球員經驗來說明，二〇二〇年春訓三個月以上，再延賽會影響球員職棒生涯，因此讓球員受傷更不好。另外如果中華職棒能成為全球唯一開打職棒，也是讓世界看見台灣防疫成效的契機，我們就用這樣的想法，去跟地方政府溝通，起初當然各縣市不答應，我就告訴地方政府，不要拒絕，就交給專業的中華職棒去執行，職棒開打是讓球員能有一個舞台，又可以讓國人在疫情當中看比賽，加上當時世界上所有的職棒都停擺，如果只有台灣職棒能正常的開打進行，那就更顯台灣防疫成功的價值。

「感謝各地方政府，最後不同意、不拒絕、就交給中華職棒負責。」回想當時跟時間賽跑，開打之前就要開會討論，確認宣布不再延期時，立即召開大型防疫會議收集大家的聲音，為的就是要制定一個防疫規範，之後要落實執行，並不斷做滾動式的修正，感謝大家一起討論配合球季才能讓球賽順利開打，二〇二〇年才能讓世界看見台灣。看見台灣職棒開打。全球都關注閉門開打「**世界第一球**」的台灣職棒產業，於此同時我們也提供防疫規範計畫書給其他國家參考，運動是最好的外交，二〇二〇年中華職棒確實是全球第一個開打的職業球季，重要推手就是辛苦推動這些大事件的中華職棒團隊們，當時國外的疫情嚴重，看到台灣職棒能順利開打，也就讓台灣防疫成果獲得國內外的普遍肯定。最要感謝就是醫護人員，再加上國人守護家園的意識堅強，配合政府規範。另外由於各球團建議時通常站在自己的立場發聲，因此面對不同的背景就要去充分溝通說明，才能順利達成目標。疫情中開打確實是一個非常考驗聯盟團隊的挑戰，但最終欣喜的是看到中華職棒登上美國《時代雜誌》，感謝大家共同的努力成果及球團全力配合聯盟所定的防疫計畫，才能順利二〇二〇年球季開打。這也說明**唯有團隊合作、重要的溝通討論、才能有明確的方向**，順利說服其他相關公部門，才能讓球團信任，過程確實辛苦，中華職棒未來繼續加油。

Los Angeles Times

latimes.com

Bay Area blood study suggests a vastly higher infection total

Early estimates based on antibody tests are 50 to 85 times greater, indicating spread by asymptomatic people.

The day mariachi music died

The novel coronavirus has choked off virtually every source of revenue for L.A.'s traditional and proud Mexican musicians

PANDEMIC INVITES UNUSUAL BROKERS, SCAMMERS

Frenzy for equipment has buyers relying on unknown middlemen.

Local newspapers stopping the presses

Virus hastens outlets' collapse in time of greatest need for news coverage

U.S. daily newspaper circulation

In Taiwan, there's no one to do seventh-inning stretch

Baseball minus fans is 'very strange,' one player says

BUSINESS INSIDE: 'No sector ... will be spared' as California's unemployment soars. A8

◆教授專欄—何信弘◆

從推到拉 (From Push to Pull) 3

了解才是一切的開始

能順利克服一切困難與挑戰的關鍵，就是知道自己的服務市場需要什麼，拉動自己的力量是什麼。以老邦為例，首先，於公，身處在以維持聯盟日常工作運轉正常的秘書長職務，老邦的市場需求就是：「盡可能的維持職棒聯盟的運作，因為它關係到太多人的生計與生涯」；其次，於私，老邦也曾是職棒選手，更了解到選手的生命並不會因為疫情按下暫停而跟著獲得延長，能爭得一個穩定的環境，才能保障他們有更多發光發熱的舞台。

「我怎麼知道市場需要什麼？」這裡分享一個觀念：從推到拉，本來就是認知的提升，也自然需要付出更多的精力去認識市場，但更進一步的是，先找出終端消費的決策者，以吉博力(GEBERIT)集團這個歐洲衛浴產品領域的領導品牌為例，他就了解到，其實大賣場、裝潢的客戶或者衛浴商店都不是客戶，反而是選用品牌的「決策者」，像是水電業者、室內設計裝修業者或者建商才是他們需要了解的，他們願意為這些終端決策者做免費訓練、軟體支援甚至幫對方做顧客支援的管理，讓決策者更願意主動向吉博力「拉」貨。

我們在自己的職業生涯，用了多少心力去思考，市場需要的是什麼呢？

參考書目：

1.廖勇凱、李正綱、谷來豐(2013)。《管理學：理論與應用》。台北市：元照出版。

2.奧利佛•葛思曼、凱洛琳•弗朗根柏格、蜜可萊•塞克(2017)。《航向成功企業的55種商業模式：是什麼？為什麼？誰在用？何時用？如何用？》。台北市：橡實出版。

4-4 專業位子就是留給有戰力的人

職業運動員是一個很有挑戰性的工作，從學生時代到職棒舞台大約分三個方式加入職棒：

1.高中畢業後就有機會選秀加入職棒，跟我們在早期有兵役是不一樣。

2.進入大學就讀，表現不錯就有機會被球探鎖定，有機會參加選秀進入中華職棒。

3.選擇加入城市隊，有好表現就有機會可以被球探看見，有機會參加選秀。

職棒是一個高門檻的工作機會，從小打棒球都不一定有機會能打職棒，因此若沒機會就該提早去適應社會。其實職棒舞台是一個很現實的舞台，必須要去面對內部競爭，所以除了打棒球以外，真的要去學第二專長，因為職業運動生涯是很短暫的，沒有自我學習就會失去許多的機會，當有一天沒有職業舞台時必須要靠第二專長。過往大多數選手整個生涯就是專心打球，沒有思考退役後的舞台，最後就只能選擇基層球隊教球。另外過去如果明星球員退役，就會有朋友來談建議開店投資，聽了許多學長遇到的問題都一樣，隔行如隔山，最後就是失敗收場。

社會是一個很有挑戰性的環境，不斷地去學習才能在社會大學找到自己的人生舞台，從企業的角度來看就是如何讓公司有績效，企業需要有戰力員工，能帶盈利回到公司的人，才是人才。

我近幾年都去跟企業連結，感受到企業管理確實是一門藝術。舉例美商公司就是一個很現實的公司，我認識一位美商公司高階主管，大概在精品界二十年以上，在他身上學習許多精品觀念及精品行銷管理。他提過在美商公司是一個高挑戰性的工作，另一個說法就是現實，哪一天接到電話告知終止合作，就要馬上打包行李離開位子，美商公司該付的費用不會少給你，因為時間一直在走，位子就是留給有戰力的人，不會特定需要誰，而是有機會接上去的人，一定是很快上手，在專業上位子就是留給有戰力的人。企業主管與職業球員一樣，職棒球員當戰力不足時就會在球季中下放二軍，在二軍待久的選手就會擔心年底被釋出。每年 7 月選秀會有一些潛力選手加入，相對代表了一直在二軍的選手們球季結束之後會有人離開職業舞台。許多被釋出的球員，都會去找機會轉隊繼續在場上表現。

我在秘書長時期，同仁有建議就要比照大聯盟有東山再起獎，鼓勵和經歷低潮之後再恢復身手的球員們有好表現，有經歷過低潮的選手要堅持是一件很不容易的事，尤其在失去舞台又能站起來的選手真的很不簡單。我在二〇〇七年球季結束後，兄弟球團告知我不能再當選手，給我兩個選擇：找機會去其他球隊繼續打球，或者留下來當二軍守備教練，我因為家庭的因素選擇了第二選項，選了比較熟悉的環境，沒想到幾年後我真的後悔，如果真的能有選擇機會的話，我會去爭取當球員，是我選擇放棄球員的舞台只能怪自己，現在想起來真的很難過。

我記得王勝偉加入職棒時就是我接到球團的電話的時候，我選擇退役當教練時就有跟球員分享我這一段經驗，記得能當球員就一定要當球員，不要想當教練，這幾年跟洪一中總教練聊到他的理念也是這樣，不謀而合。洪一中總教練是一位有代表性的傳奇球星，在職棒環境有三十年以上，真的是值得學習的對象。二〇二二年球季看到王勝偉有好表現真的為他高興，他過去這二年在中信兄弟都在二軍失去了一軍的舞台，我就找時間鼓勵王勝偉，把我過去經驗告訴他記得不要放棄當選手的機會，告訴他不要有負面情緒太多、太久。王勝偉就主動離開中信兄弟繼續找機會，他真的太勇敢，不害怕再去追求選手的舞台，真的感動許多球迷。看到二〇二二年王勝偉的好表現，就可以證明他自己的身手依舊，不僅成功掌握住機會，也幫助球隊走出低潮。等待機會時的日子相當難熬，要面對許多黑暗面，而下放棄的決定只需要一瞬間，所以更要有堅定的意志來堅持下去，到新球隊更要重新去適應環境，我真的佩服王勝偉的勇氣與決心。

職業球員跟企業中的每位成員一樣就是要等待機會，創造自己在企業內部的價值，反之在抱怨中造成自己影響思考、影響自我成長的機會，有這樣心態的選手就會很快失去舞台。相信自律性高就會有多一些好的機會、比較多的機會在自己的身上。企業經營跟職業球團一樣都是靠團隊合作來完成每一次挑戰，要從個人做起成為團隊所需要的一份子，就不會很快被取代了，而許多被淘汰的人就是害怕挑戰進而失去學習態度，沒有主動性去突破現況才會後悔，我用自身的經驗跟大家分享，棒球運動就是不斷地失敗才能感受到成長，堅持到最後才能成為贏家，我相信**成功沒有捷徑，就是不斷地練習、等待機會、創造機會、把握機會就會有舞台**。相對的要愛惜自己羽毛，很多球員都會迷失在掌聲中造成很大的傷害。每一年春訓各球隊都會設定目標「總冠軍」，每一年只有五分之一的機會贏得總冠軍，在球季要打１２０場中表現最好的團隊，才能有機會爭取總冠軍賽門票，要脫穎而出打到季後賽，考驗著球隊與球員，身體的狀態，**誰能堅持到最後才是真正的贏家**，企業一樣在年初時定下ＫＰＩ，企業團隊年度業績要正成長，如果沒有達標，主管要負責一樣會被檢討，有可能會改組，當改組就有新的團隊來取代，這樣跟職業球隊很接近，要不斷地成長，要培養好團隊，團隊成長維持好的狀態，達到目標，不然的話就準備接到通知，打包東西，只有不斷地往前看，要不斷地自我提升競爭力、主動性的學習，最後告訴大家就是一句話：「要有最好的安排，做最壞的打算。」

◆教授專欄—何信弘◆

從推到拉（From Push to Pull）4

創造價值帶來需求

生涯都會面臨轉換過程，以前棒球選手只專注在把自己的能力強化，以便能把自己「推」銷給職棒球隊，獲得職棒球隊的青睞跟重視。現在反思回去，當時身為青棒選手的階段，完全沒有「從推到拉」這樣的概念，如果可以回到過去，應該更專注從「拉」的角度去思考自己本身的特質以及球隊（市場）的需求，去鍛鍊專長及做健康的管理或控制。

當然，許多企業都了解到要充分地「從推到拉」，投消費者所好的生產消費者最能產生購買行為的商品，勢必要投注大量心力在這個層面，例如英特爾（Intel）有一個一百人的研究團隊，專門研究使用者經驗，帶頭的Genevieve Bell 博士雖然沒有科技背景，加入英特爾之前其實是史丹佛大學的人類學教授，被稱為英特爾最銳利的觀察之眼。（注1）對於人類行為的研究有助於推動英特爾建構與發展更符合市場需求的技術。

此外，谷歌（Google）也曾聘雇人類學者探討「移動」行為的本質，負責「策略規劃」部門（部門名稱是「動物園」）的主管 Abigail Posner，也是畢業於哈佛大學社會人類學系，對於人類的行為各種可能性有著獨到的觀察角度跟了解，Abigail Posner 甚至主張不要使用客戶或者顧客這樣的名詞，強調我們該思考的是組成市場的一個個「人」，她鼓勵我們應該：「通過深入挖掘並試圖發掘一些事情，例如：這個人是誰，是什麼因素讓那個人同意這樣做，是什麼讓那個人表現出生氣、沮喪、興奮、快樂等等情緒，因此，我們就可以同情或者同理那個人的反應，因為我們了解了完整的個人故事。」（注2）

https://www.nytimes.com/2014/02/16/technology/intels-sharp-eyed-social-scientist.html

注1：https://www.nytimes.com/2014/02/16/technology/intels-sharp-eyed-social-scientist.html

注2：https://www.creativebloq.com/features/abigail-posner-ux-design

4-5 秘書長的KPI

中華職棒30週年特展舉辦後已匆匆數年，回想起來當時確實讓我成長最快，是我心臟最大顆的時候，當時腦袋只有一個想法「中職30週年要呈現出什麼意象給球迷呢？」

我想從台北市立棒球場方向思考，因為這是很重要的一個有台灣棒球歷史的球場、也是台灣職棒的起源地。會議就以重現台北市立棒球場為主軸去討論，過去的黑歷史傷害造成球迷不再進場看球，我們要利用30週年特展再次讓老球迷走進中華職棒的大家庭。中職早期草創時期靠著熱情的球迷進場為球員加油，才能讓中華職棒環境能一路走過三十年。

相信許多球迷的成長時期都有傳奇球星在球場上陪伴大家長大，二〇一八年我去參加MLB明星賽看到傳奇球星回到明星賽活動，讓現場球迷再度為傳奇球星鼓掌喝采。因此我把邀請傳奇球星回到活動中，讓老球迷們能再次進場為他們加油，視為是我對前輩們的尊重。

另一個目的則是讓年輕球迷了解台北市立棒球場，是台灣棒球具有時代意義的代表性球場。我小時候曾在台北市立棒球場比賽，拿下一九八八年全國少棒冠軍，也是讓我第一次當選國手的地方，過去台灣重要國際賽事的比賽場地，就是如同現在台中洲際棒球場一樣的國際賽事球場，當時台北市立棒球場地點交通方便又在市中心，可惜沒有留下來。我個人職棒初登板也是在此，這球場對我來講很有情感，是陪著我成長的地方。

所以在開會中我就用一位棒球人對當時台北市立棒球場的想念開始發想，中華文化總會副秘書長李厚慶陪我一起發夢找回台北市立棒球場這不可能的任務。發想完首先要先有計畫出來，如何重現台北市立棒球場，用什麼方式來呈現呢？

確實腦海中就呈現許多畫面出來，可是要從腦海中抓下來，要如何提出一份具體計畫呢？當時就討論到利用ＶＲ科技坐著時光機的概念，來呈現台北市立棒球場，結合科技又有歷史背景為主題，很快決定往這樣方向進行，開始找專業工程師來寫程式，將台北市立棒球場建置出來。但這是個極有難度的考驗，從天馬行空到執行這一段路確實具有挑戰性，我們跟文總會團隊合作一起討論如何讓國球跟文創、科技結合，讓大家看見中華職棒已走了三十年的歷史要找回老球員、老球迷價值。

讓大家一起走進時光廊道，看到中華職棒三十年的歷史，這是一個非常大的工程。要從結合外部專業組織才能夠呈現出來，真是一個有趣的挑戰，大家討論之後各自帶回去思考。我先從聯盟內部說明想法，一週後再與文總會討論出如何請合作伙伴專業團隊來進行30週年活動可行性的評估。邀請的外部專業團隊剛好負責人都是球迷，都了解中華職棒的歷史。他們告訴我們中華職棒是陪伴著他們成長，會從球迷的角度出發要呈現什麼樣的形式活動，開會討論談起來就非常有感覺。

大家都為了中華職棒30週年做出一些貢獻，大家都很投入，從不認識到介紹之後大家對中華職棒熟悉度真的很深入。在不同的單位整合起來很快就有共識目標，要讓天馬行空計畫能實現。

我們就從計畫執行開始分工合作，中職負責整理三十年中華職棒各項文物，以及負責找經費預算，感謝文總會在重要的時刻提供一些平台，讓我們去找到贊助單位及公部門報告能有機會申請到補助。要有經費才能順利進行30週年特展前置作業，當時先跟吳志揚會長報告同意後，才能提到領隊會議上徵求各球團同意，完成行政程序才能執行。

當然執行中會遇到一些困難，前置作業經歷了四個月的時間才達成共識，相信一個組織的力量有限，要結合不同的專業團隊合作，在不同的意見時一起溝通後就會有共識。有一次會議告訴大家當時遇到經費不足可能會影響中華職棒運作，中華職棒內部有不同聲音出來，我就要去溝通。記得當時產生的一些問題，都是因經費龐大造成內部不同意的聲音比較大，我讓中職同仁知道這個活動的價值，需要大家共同參與，並結合外部專業團隊的力量合作，聯盟同仁最後達成一個共識，大家一起努力完成30週年特展的各項計畫。內外溝通確實不容易，要努力找贊助單位，因為所有預算都是專案執行需要自籌，所以在可行性評估之後需要的費用，第一階段要在四個月內找到執行費才能決定要開展。要在台北市華山藝文園區展出要訂檔期留場地需要費用，尤其華山藝文園區費用不低，但一想到要讓國球變成文創，就一定要到台北華山藝文園區開展，才能讓大家看見中華職棒30週年的歷史。

關關難過關關過，團隊合作往目標邁進，遇到問題大家就開會討論來解決，很多突發狀況考驗著團隊，是否有能力克服困難，最終相信專業團隊才

CPBL 30th
中華職棒30週年特展
無人出局

FOR TAIWAN
ALL STAR

能順利地進行開展。我記得佈展需要一週時間，另外也要感謝退役球星把紀念性文物呈現給球迷，也確實成功創造許多話題做宣傳。蔡英文總統出席30週年記者會支持中華職棒30週年特展，讓國內外新聞出現最好宣傳。相信有了蔡總統加持，整個特展確實打響了名號。讓更多的球迷進場來看30週年特展，另外我也要感謝在開展過程中許多長官來支持進場看展，讓前面的努力一切都值得。從開展12月24日我就每天一有空就去展場當人形立牌看著球迷排隊進場，走進展場看到球迷滿足的表情很驚訝，有許多球迷都跟他們的同伴說當時她也在現場，坐在那裡，有如坐時光機重現原貌。

安排活動邀請前輩回來與老球迷互動，回想前置作業時確實遇到許多許多的困難，卻都能一件件去完成，考驗著我們的團隊合作，而有了大家對中華職棒情感全心全力的投入，才能創造歷史價值。最後感謝老天爺照顧一群認真的人，沒有將疫情提早來到，才能讓進場的球迷人數不斷地攀升，最終超過5萬人進場，想想真的是不可能的任務了。

「**來自不同專業整合才能將想法變成行動**」成為當時團隊的核心價值，相信團隊、相信專業，才能不斷地解決問題、達成目標。當時記得策展單位的負責人告訴我，在可行性評估進場人數需要 3 萬人以上才能打平，重點在第一個月人數進場就能看到這個展覽的成功與否。其實前一個月，大家的壓力非常的大，不斷地想盡辦法安排活動宣傳，讓各個球迷能夠知道30週年特展的精彩，慢慢看到球迷進場認同這個展，過了一個月之後看到人數慢慢累積到破萬就比較安心。在棒球場上有一句話就是勝者為王，這道理我想大家都懂，只要團隊合作、創造團隊的價值，就能有許多無限的可能。

就像棒球場上兩人出局後才開始，就算一路上落後，只要不放棄就能有機會逆轉勝。

記得榊原教練告訴我先把守備顧好就會先立於不敗之地，再找機會拿下一分、比賽就結束，團隊合作防守顧好就立於不敗。30週年特展是一個成功團隊合作之下打下來的漂亮成績，往對的方向走，團隊認知就很重要。最後二〇一八年從台北華山展期 6 月結束就到高雄科工館到12月結束，共有超過 5 萬人進場看展，最後拿下德國紅點設計獎完美的結果。我們只有不斷地接受挑戰，不斷地修正，才能達成目標。

當時30週年特展口號「**來的才是真正的球迷、真正來的才是球迷**」，是很棒的一句話鼓勵球迷進場。最後感謝每一位進場的球迷們，因為你們進場讓這特展成功展出。

記得在秘書長任內看到同事們因熱愛職棒才加入中職大家庭，中華職棒聯盟有分賽務部、宣推部。中職都有需要不同專業人才加入，在賽務組的裁判是最吃力不討好的工作，一位裁判養成最少要四年以上，在二軍訓練比賽有好表現才能有機會在一軍執法，相對待遇才會提升。在一軍執法對每一個裁判都是挑戰，在二軍要從基本動作及熟悉跑位、熟悉規章、不斷精進自己身體素質，才能在場上有好執法，當經驗累積後可以有效掌握場上的狀況，在關鍵季後賽，更需要很強的抗壓力來面對季後賽，場場尤其關鍵，球隊有輸不得的壓力，球隊教練抗議激烈程度可想而之，會面臨許多突發誤判狀況的發生，我看到幾位資深裁判真的是用生命在執法，裁判的工作是要有熱誠的人，才能一場一場累積。聯盟目前有好幾位裁判執法兩千場以上，真的不簡單。一年１２０場要執法到兩千場，需要十五年以上的時間，加上二軍養成那就需要二十年以上的時間才能達到兩千場。

裁判工作真的不是一般人可以去做的，球員出身的不一定可以成為好的裁判，有可能會預設立場來判決，這樣反而進步會比較慢。我在秘書長任內常下二軍去看年輕裁判們在訓練時很苦，確實不容易。裁判更需要團隊合作，資深裁判要求新裁判很嚴謹，平時訓練時都會要求團隊合作、跑位提醒，讓整個裁判組維持一定的水準，我在秘書長期間有推動裁判營找尋裁判人才，有裁判夢想的人有一天能站在棒球場上執法，這是需要有熱忱青年的投入。

要成為好的裁判，首要具備的條件是要有好的基本動作，要在最短的時間做出正確判決，在球接近時眼睛專注球員守備狀況上，才能傳達到大腦最後做出正確的判決。我想裁判訓練不亞於球員訓練，裁判真的很辛苦，看來很簡單的定格動作，再轉化成正確跑位到做出判決動作，真的需要時間跟投入精神，才能在身體裡產生記憶。經歷許多的挫折，所累積下來的經驗，才能有好的執法功力。如果沒有熱忱的裁判，我相信很快就會放棄裁判的工作。裁判工作是用生命去做，是吃力不討好的工作，更是不能沒有裁判角色，要維持職棒比賽重要性，裁判角色是需要我們給予鼓勵及掌聲，我相信誤判當下，裁判本人是相當自責的，從誤判事件中成長才能走出來，就好像

2017 CPBL & NPB
裁判講習會

CHINESE PROFESSIONAL BASEBALL LEAGUE
CPBL
CHINESE PROFESSIONAL BASEBALL LEAGUE

我加入職棒前的一場國際賽中嚴重的低級失誤造成中華隊輸球，中華隊無法拿到奧運門票，是中華隊輸球主因，成為罪人，被國人、球界人士指責。我只有用生命去翻轉命運，當時只有苦練再苦練讓自己重新站起來，因為時間不會倒轉，只會往前走。我的人生就是跟著時間走下去，相信年輕時遇到的挫折，都是往成功之路的養分。要注意自己的每一步是否有成長，才能從事件中得到經驗。年輕時會因為一些小成功放大自己的能力，忘記了學習，真正遇到大的問題時就選擇逃避，變成自己人生中的盲點。自己設定目標無法達成時，會失去自己人生的學習動力，相反的要不斷去面對問題、找出方法去解決。在圍繞負面能量會造成自信心被打敗，就會開始抱怨，造成人生少了熱情。我利用自己的小故事來分享給讀者看到不一樣的運動員，在我退役選手後轉職教練領域到行政職，發覺管理是一門學問，我就會從企業管理去學習，看到許多企業管理是跟職業運動管理很接近。

從人才訓練與職業運動的人才，都是需要時間去培養，從選才開始就要投入人力、去挖崛人才。職棒各球團都有養成新人教練團，在有效訓練規劃出一套養成系統，讓選手培養出自我的能力，未來能順利爭取到自己在一軍職棒的舞台。這幾年有機會去企業看他們教育訓練，有機會跟企業主管連結分享管理團隊經驗，都一樣會看到企業很重視培育新人的計畫，都有一套很完整的計畫，在商場上好的人才是不斷地被挖角到其他公司。這點中華職棒球員在交換市場確實不活絡，造成球員的機會變小，這是未來市場很重要的指標，要有刺激才能讓市場活化、產生話題。

在企業同業間要有良性競爭，好的團隊目標達成率高、了解消費者需求，當團隊是一支高達成率的團隊，在市場就會被有定，相對職業舞台上就是不斷地追求勝利，不斷地將自己的品牌被球迷看見獲得支持，才能讓球員有商業模式不斷提高，球團要不斷創新讓球迷進場看球，企業投入職棒產業。職業運動不斷地發光發熱，整合行銷達成目標，球員一樣有效地訓練，找尋優秀的球員。球員在有限運動生涯中能豐富自己本身價值，當然要投資自己，就是要有好訓練，才能在場上有好表現，讓廠商看到明星球員有好表現，有機會成為代言人。要有好的訓練，現在都需要外部團隊來協助，從運動科學訓練來看自己訓練時動作是否正確，才能預防受傷，降低在場上受傷的機率，會在場上發揮有效好表現、能維持好表現爭取好成績，會在非常多的競爭對手中脫穎而出，這是團隊合作中很重要的一環，將團隊合作目標永遠放在第一位，才能創造出好的成績。在企業發展一樣，如果沒有好的團隊運作不可能完成大的任務。每個人都有不同的個性，利用團隊合作才能把複雜變簡單。

當然有許多不成功的團隊是把簡單變複雜，造成不必要的問題產生。舉例每年總冠軍只有一隊，也就是該年度團隊成員表現最穩定而不是一個人表現最突出，而是整體球員數據都很接近才能共同拿下總冠軍，相對的連敗球隊往往就是整體球員表現好壞落差太大，無法串連少了臨門一腳，反而負面的問題變多，成為團隊信任度下滑的主因。相信在職場上就是要靠團隊合作，團隊成員主動性要高，才能找出解決方法，不斷地保持最佳狀態在球場上，如同企業組織在市場上都能保有競爭力不斷達成目標。職業棒球有一個說法就是只要連續三年拿下總冠軍就能成為一個「王朝」，這是難度非常高的目標，需要很強的團隊合作信念，大家都要配合非常好，才能不斷贏球。企業指標一樣，保持最佳狀態、企業的ＫＰＩ很重要。

如果能連續三年以上拿到最佳團隊就會成為別人的指標，只要把**團隊合**

作信念整合出來，能共好、共榮、共享，這樣的團隊不強也很難。我有這樣的經驗分享，動員價值不只在球場上，職業運動管理確實跟企業管理非常接近，最後結合運動產業與企業合作創造雙贏。

◆教授專欄—何信弘◆

從推到拉 (From Push to Pull)

透過管理學的「從推到拉」概念，認識到我們首先要跳脫只是「推銷自己想生產的產品」這樣的傳統概念，要從消費市場找到需求，嘗試「創造價值漩渦」，緊接著透過一位傳奇教練的煩惱，認識到我們要了解自己工作的定位，才能立即知道自己的目標跟該採取的行動，而「了解才是一切的開始」，也應該要透過各種管道去掌握市場的面貌，最後，時時能將「創造價值帶來需求」的觀念放在自己每個職涯的發展階段中，畢竟再多的管理學理論，都需要實際的應用才能綻放光芒、成為能量。

棒球場上也有類似「從推到拉」這樣的戰術與思考，甚至還會反過來利用這些思考來創造球賽的有利條件，而現實生活中同樣有這樣的機會，讓我們重新思考什麼拉動我們的人生，我們又為了真實的市場需求做了哪些思考跟努力。如果你還沒開始思考什麼拉動著你的人生，現在給自己一段空白的思考時間，會是很好的機會。

第五章

致勝 就是全力以赴

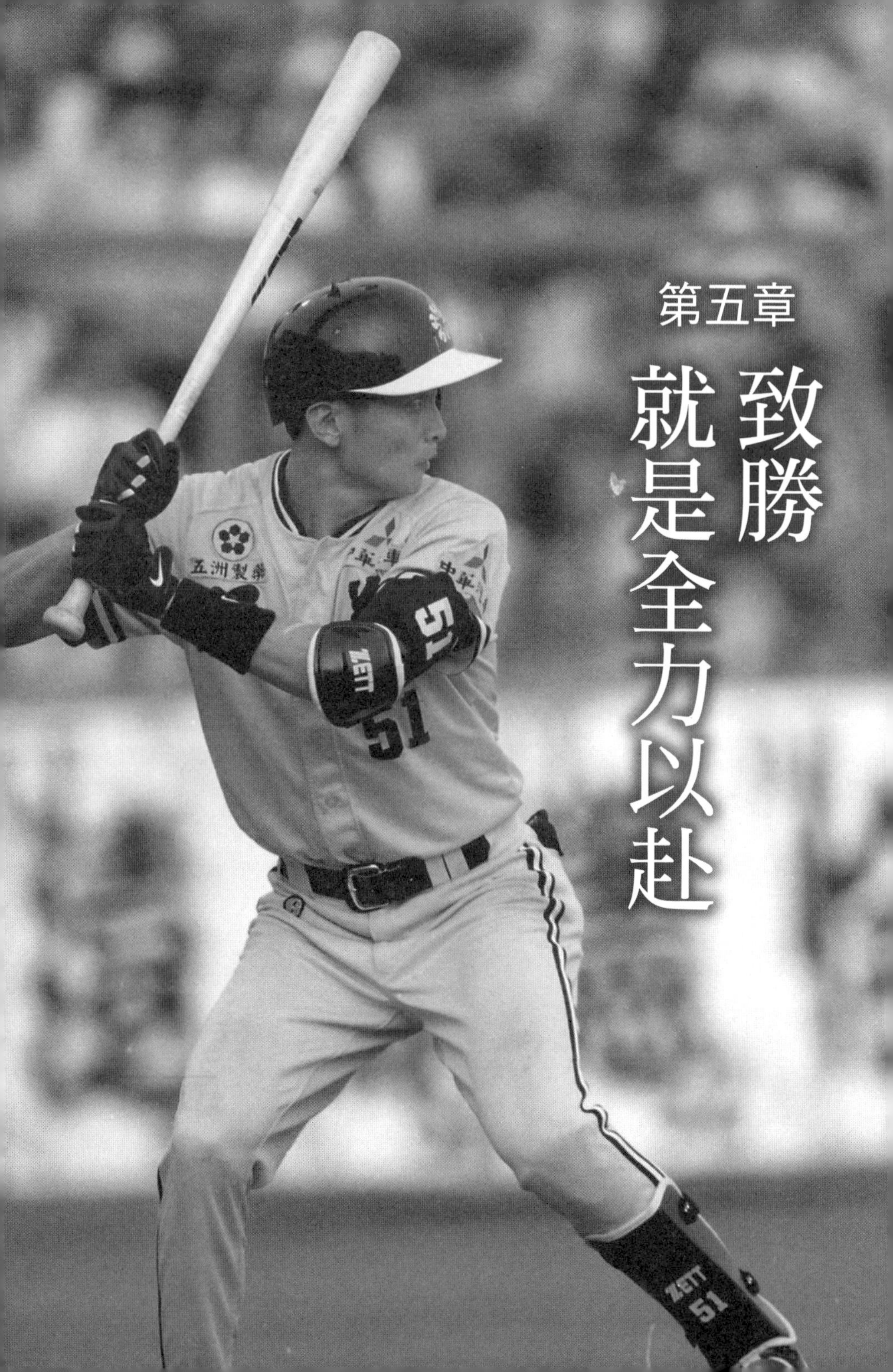

5 致勝就是全力以赴

5-1 退役後不學習才恐慌

球場上的學習主要來自日本教練榊原良行給我的許多指導，一切一切都從一九九九年9月21日進入職棒開始。我從一個不被看好的職業球員，進來職棒後接受榊原良行指導，更能了解一個信念就是**「不斷地學習」才能有保持良好的競爭力**。從進入職棒開始接觸日式棒球的細膩度，慢慢可以理解從基礎訓練跳出自己的舒適圈，接觸不同面向的學習。我記得一句話「放大自己的缺點，縮小自己的優點」，不斷地自我學習、自我成長，才能不斷地回想在球場上不斷地練習，才能拿下四座金手套，因為我全心投入不斷地接受新的訓練，技術的觀念提升，不斷地看到自己的成長。球迷開始給了我是「黃金二壘手」的封號，重新了解如何將滾地球接到行雲流水的訣竅，不會是一覺醒來就突然開竅，而是按部就班不斷地要求自己，要求全力以赴，一球一球的練習接球，才能突破現況，失敗是需要去學習，從事件中得到成功的養分。

我很清楚當一個人失去學習興趣，相對的會有不安定感產生，也導致負面思考影響自我的決定，再讓自己自信心不足。然而在職棒拿下總冠軍之後，我反而發覺自己不足的地方，於是就去報名考輔大學分班充實自己，檢視自己不足的地方，因為若害怕看到自己不足的地方，進而武裝自己讓周圍的人看到自己表面上很強，這樣的心態反而造成讓自己走進死胡同；正確的方式是發現自己不足的地方，就告訴自己要進入學習模式，才會讓自己勇敢去嘗試新的事物。

記得從加入早產兒基金會的志工不斷地接觸，如何辦活動文案、募款規劃、被企業主拒絕、被取笑，一路上遇到許多會讓自己放棄的挫折，但我選擇堅持下去的理由是來自於學習，才能讓我看清自己主動學習，才能讓我內心會有一種安全感，「比你厲害的人比你認真的話，那就是差異的地方」，原來我自己在球場以外的知識嚴重不足，看看成功者自傳，才能了解一位成功者背後付出多少心血呢！從漏接之後讓我更清楚不斷地學習才能讓自己走出自我價值，以強者並行，從碩士求學時所遇到的許多挫折，挫折中得到方法解決，找機會請教老師、同學、不同的專業人士，主動去請益，有空就要安排不同領域課程學習，才能了解自我不足的地方，等內心充滿能量之後，在自己的工作舞台上，就能持續保有競爭力。

常常自我對話就是需要定期去學習課程，讓自己能有自信心的來源之一。每個階段面對的挑戰真的不同，職業運動員就是一個很現實的行業，沒有成績就是準備被淘汰，每一位運動員都會下台，如何成功華麗的轉身呢？有很多前輩的案例可以借鏡，如果停止學習，只用經驗去指導學生，會很快遇到瓶頸，產生許多衝突出來。現在我經過了博士階段洗禮後，更知道「歸零」之後，需要**不斷地學習新的事物**。

記得我參加憲哥的「說出影響力課程」、福哥的「如何做好簡報相關課程」，看到學員主動學習的態度，讓我印象深刻，台上兩位講師妙語如珠，課堂上與學員的互動，真的讓我很清楚自己不足的地方，互相交流、教學相長，我在自己運動的領域學習不斷地去體驗新的知識，從訓練學到運動科學都是需要主動去探索。當我成為一位教練時，我就更加清楚如何成為球員的後盾，就是不斷地吸收新的知識，從中內化成自我的資產，相信科技不斷地升級，基礎就是「**主動學習**」，才能讓我保持最佳狀態。跳出舒適圈，有些時候，真的要給自己一些壓力。很多人會說沒時間就不去學習，或是許多人需要走捷徑方法才要去做，我用自己的經驗來分享：從二〇〇四年開始做早產兒志工學習，如何號招眾人募款一起做公益，用公益活動親自行動去學習，了解社會上的資源方向、人際關係、企業生態，不會只有在球場上的角度而已，遇到許多困境包括被隊友教練說我外務太多的負面言語時也就能較不在意，這也是一種學習。

我堅持對的方向走下去，不斷地走進課堂上學習，補足過去浪費學習的機會。再來就是主動學習，才能讓自己走在人生的賽道上學到真理。球場上的學習態度很重要。兄弟象的精神「苦練決勝負，人品定優劣」這句話給我許多勇氣。在這與大家分享一句話「**不計較不比較多請教**」，這句話在我的學習道路上是很重要的座右銘。

◆教授專欄—何信弘◆

學習型組織的五項修練

一般概念上的組織，指的是在組織之中，每個人有各自不同職位，每個職位的人有固定的、被分配好的工作以及責任，每個職位的人各司其職，相互合作，進而達成組織的目標。所謂學習型組織，則是一個不斷學習與轉化的組織，透過培養瀰漫於整個組織中的學習氣氛，讓組織中的成員共同學習、共同成長，而讓組織能持續地演化與發展。

學習型組織最初的構想源自於美國麻省理工大學的佛瑞斯特教授，他在一九六五年發表了一篇《企業的新設計》的論文，運用系統動力學的原理，非常具體地構想出未來企業組織的理想型態——層次扁平化、組織資訊化、結構開放化，領導者與部屬的關係，由從屬關係轉變為工作夥伴關係，不斷學習，不斷重新調整組織結構關係，這是學習型企業的最初構想。

彼得‧聖吉（Peter Senge）在一九九〇年出版《第五項修練》，其中提到在建立學習型組織時，有五項修練不可或缺。

1. **自我超越（Personal Mastery）**：透過個人學習，組織才能學習。個人會願意透過學習來成長，來自於認清願景與現實的差異，而讓自己想要成長，想要超越自我，所以組織可以透過創造組織文化，來鼓勵員工在工作中超越自我。
2. **改善心智模式（Improving Mental Models）**：心智模式是決定我們如何認知這個世界的一種心態，而這種心態會影響我們如何看待身邊的一切，以及做出什麼行為來因應。所以我們應該學習跳脫框架限制，來改善自我思考模式。
3. **建立共同願景（Building Shared Vision）**：組織必須鼓勵個人擬定未來的願景，再由個人願景創造組織共同願景。唯有透過將個人願景整合為組織共同願景的修練，成員才會主動而積極的投入，而非被動的遵從。

4. 團隊學習（Team Learning）：團隊學習能加速個人的成長。當團隊真正在學習時，不僅團隊整體顯現出色的成果，個體成長的速度亦遠較其他的學習方式為快，而在個人與團隊間形成一個學習成長的循環。

5. 系統思考（Systems Thinking）：彼得・聖吉認為「系統思考」是一個成功組織的核心，它與傳統的思考模式不同，傳統的思考模式，通常習慣分析單一事件。然而，系統思考，主要是在思考時，將組織內外的各個因素納入考慮，思考彼此之間互動的「動態關係」。

（原文書名：The Fifth Discipline: The art and practice of the learning organization）
參考書目：彼得・聖吉(2019)。《第五項修練（全新修訂版）：學習型組織的藝術與實務》。台北市：天下文化。

5-2

堅持做好一件事

我從一九九九年進入中華職棒二〇一五年球季結束之後就轉球評開展工作機會。二〇一六年我專心在攻讀博士班，重新回到校園當專職博士生。

同時讓自己用不同角色去嘗試不同工作機會，不同環境的學習。當時接了新工作菲力斯公司執行長負責組織工作，要成立中華民國競技飛鏢協會來推廣競技飛鏢，同時每週會有另外兩天去上博士班的課程。在二〇一六年的時間就用兩個跟職棒完全不同領域的身分學習，真的要謝謝郭金耀董事長邀約才有機會接觸職棒以外的工作機會。我從郭董的身上學習到許多企業與社會連結的邏輯，在工作上遇到許多細節也都仰仗郭董的無私指導，可以說從另一面讓我開拓了與運動員不一樣的視角。從一個球場工作者有機會轉到不同陌生的環境去學習，自然也有許多飛鏢前輩不看好我，我想看笑話的比較多。記得剛接觸飛鏢運動環境時，大家只看在郭董的面子上，表面上都很配合，而且那時候確實遇到許多困難，我就告訴自己堅持做好一件事的信念要堅定。過去在職棒場上面對失敗心態的勇氣要再度拿出來，只是環境不同，學習心態是一樣從零開始，將飛鏢生態了解之後請益前輩。從主流運動項目轉到飛鏢運動如何成為全民運動呢？我主動聯絡李仁德老師加入飛鏢運動，他在體育行政是非常有經驗的前輩，在體育界很有份量。

當時郭董裁示成立協會首先要固定經濟費用挹注協會運作，組織才能運轉。再來要符合體育圈的制度，協會才能被認同，有推廣的計畫來執行才能被看見。真的需要時間去累積，才能堅持往對的方向走，因此不只要花錢，還要有熱情。有了郭董事長對飛鏢十五年以上投入的熱情，再加上他二話不說就答應所有協會費用由他提供，我們才能順利不斷去推廣，他是真心為了讓飛鏢運動能有競技型運動的舞台。當我們開始籌備時發現有另一個全國性飛鏢協會已運作幾年，我了解之後就告訴大家，我們做自己協會所定下的方向，努力去執行每一件訂下的目標，只要是對飛鏢運動環境好，我們都要支持。

飛鏢運動首先要從在酒吧文化的既定刻板印象來做改變，開始有想法之後就要採取行動，有行動才知道結果如何。當時我與團隊討論協會要從樂齡、親子、教育三大方向去規劃。當然一定有被質疑可行嗎？於是我就開始

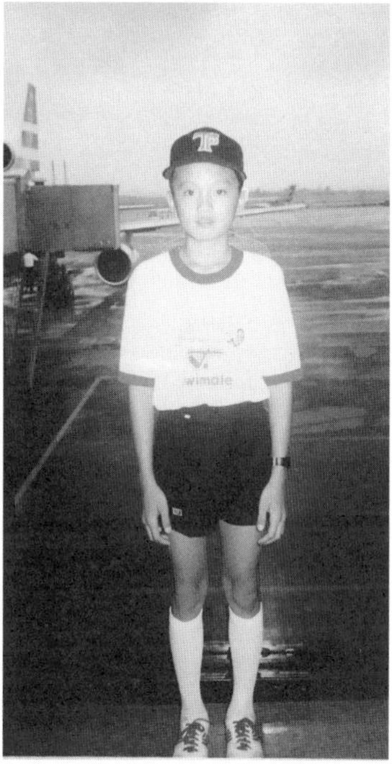

學習飛鏢，了解這項運動的核心精神，才能有效了解飛鏢運動，半年的籌備之後內政部核定順利成立中華民國競技飛鏢協會，不過也開始與另一個協會產生一些矛盾，當時我任理事長就告訴大家只要做一件對的事情就可以用時間來證明，英雄是比氣長，不斷做對的事情、相信總會被看見，結果不到兩年就轉成中華民國競技飛鏢總會，朝著設定的目標方向一步一步去完成。

新事業剛開始當然很辛苦，可是凡走過必留下痕跡，只要大家一起團結合作去面對就可以克服困難。很慶幸會員們都聽進去，當然還有郭董事長的支持，我們真的在五年期間將所設定的目標都達成。後續延續發展則交棒給郭董，當時我們堅持做好的核心價值就是認真推廣飛鏢運動，要讓飛鏢選手有感。飛鏢總會團隊從不被看好到一點一滴辦理教練制度，成立記律委員會，邀請了體育界的前輩支持。二〇一六年在競技飛鏢協會一起跟扶輪社合作飛鏢的公益活動很成功。選手參與的報名費可以捐贈扶輪社做公益，有扶輪社加持、由協會主辦，這是一場非常有意義的公益飛鏢比賽，大家想法理念一致，然後一起完成飛鏢運動與公益活動結合，大家的力量讓社會看見飛鏢運動的不同影響力，讓大家認識協會組織、認同競技飛鏢運動。謝謝郭董大力的奔走才能促成一場有意義的飛鏢公益活動，一個信念一個堅持往往能影響周邊志同道合的朋友一起做對的事情。

從一個棒球教練跨出不同的挑戰環境，只有堅持每一件所定下來的目標努力去完成，即便不是自己專長的事，仍然要用完全不同心態去面對，才可以在不同的領域上學習。有時候被拒絕或遇到挫折，內心要很快轉換，不然就很容易放棄而失去了學習機會。每次看到自己勇於嘗試自己不熟悉的事，就要不斷地提醒自己不要放棄，要堅持做對的事情，努力地去完成。有時當任務完成之後就覺得還好我沒有逃避，反而勇敢地去面對困境。真的從事件中學習到許多的經驗，從小不管是球員教練哪種角色，從來就沒有跳脫職棒這個環境，而這次競技飛鏢協會就是一個非常好的機會，所以我就努力去做看看，遇到困難就勇敢地去面對。接觸沒經歷過的工作，透過不斷地主動請益學習，有了依據就可以參考，這跟人生的經驗是滿接近，執行之後不管對錯好壞都是一個對自己成長的經驗，相信時間會告訴自己答案。

做好一件事情，都要全心投入去做。我接觸更多企業之後，越能了解運動員退役之後的弱勢，當然有成功的案例但不多，多數都是屬於被動，一般而言，選手退役後換跑道時常只有收到教練職缺的相關訊息，在社會上工作的機會訊息確實比較少。社會工作資訊少了就會少了主動學習機會。運動員離開運動舞台後，自信心難免比較低落，若因為太自我中心而難以跨越舒適圈，只在自己的領域上等待機會，相對的選擇性就會較少。另一方面，擔任基層教練學習運動相關，對外界資訊收集確實比較少，把球場當成一輩子的工作，反而失去了接觸新事物的機會。因此現在如果有機會我都會主動地去收集社會上不同的工作機會資訊與運動員的分享，有機會就要讓運動員主動性提高創造自我價值，就像在場上只要有機會就要全力去把握住不要放手。

記得我在當選手時，在職棒場上季後賽總冠軍戰獎金都是平常的倍數成長，當時教練問了我們選手有身體不舒服時記得要告訴教練，但當時我們的反應是「有機會上場，怎麼可能會把機會讓給別人呢？」偉大的運動員就是自律性非常高，球員時期培養出來的態度就是專注每一件事，當選手時把場上態度做好，場下把自己身體照顧好，才能有不斷地出賽的機會，才能打出好的成績。我在選手時代就有六年多連續 556 場鐵人的紀錄。當時每天的行程都很固定，就是休息、練習、飲食，這六年來都做同樣的事情，就這樣學習到自律性做好，才能順利地完成自我設下的目標。職業球員身體的疲勞是最大課題，學習如何很快地恢復體力，才能準備好比賽，所需要的體力。只能告訴大家任何簡單的事，只要持續堅持做就會變成不簡單。

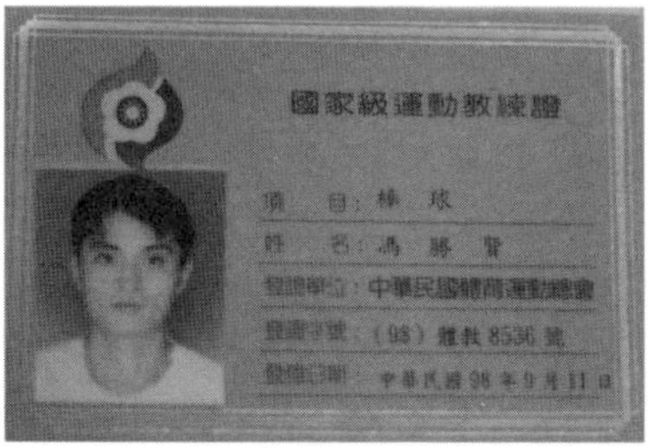

◆教授專欄—何信弘◆

開放式經營(open business)

基石物種與產業生態

開放式經營的實際運作觀念，其實常常在管理學中被比喻為類似真實生態情境中的基石物種（也譯為關鍵物種）(keystonespecies) 概念，意旨在一個生態系中，一種物種的存在與否，會影響群集中其他相關物種的存活與多樣性，有此現象則稱該物種可被視為基石物種。至於應用到產業上，Power(1996) 對基石物種的精彩定義，非常適用於職業運動本身及其創造的運動產業生態，即：「基石物種對所存在的生態系中相關群集生物的高度影響性，但基石物種相對的生物量(Biomass)比例卻很小。」陸地上的美洲豹、海底的海膽、雪鞋兔(snowshoehare)都是常被提到的例子。

把這樣的概念放入職業棒球運動中，讓人很清楚的認識到整體的生態如下頁圖所示，職業運動的組織個體數量、從業人員，相對於經營、製造、教育、服務是顯著的較低，舉例而言，中華職棒聯盟本身的員工大概80人，各球團的工作人員合計大約５００人，再計入各球隊的一軍及二軍球員，總數全部也一千人上下，因此，Power 的定義來說，生物量的部分已經符合了。其次是影響性，由於中華職棒持續的產製主要的商品：競賽演出，透過這項中心企業的核心產品，相關的組織都是圍繞著中華職棒進行周邊商業價值的再創造或者衍生。儘管如此，相關組織卻與中華職棒試需要更高度的相依相存。

接下來試著進行一個簡單的思想實驗，若把生態系中的服務產業移除，僅從服務產業中的新聞傳播媒體服務來看，也就是說從此刻開始，中華職棒僅存在直接到現場收看賽事的方式，不論電視直播、錄影轉播或者線上收看這等等的管道都從現實世界中消失，那麼，職業棒球瞬間就失去了為它進行轉播、傳播、後製的媒介，造成的影響並不僅僅是此一管道營業收益的減損，由於缺乏傳播媒介，職業棒球最重要的產製內容能觸及到的群體變得稀少，能傳播的形式僅剩下口耳相傳的方式，也將同時影響到：

1. **教育層面**：更少的學生運動員認知到職業棒球的影響力，並以此為生涯發展途徑，投入棒球運動的人才數量因此減少或者流動到其他更具影響力的產業生態中。
2. **製造層面**：更少的潛在消費者覺察到職業棒球內容中的相關商品、器械特殊性、必要性或者收藏價值，購買行為的降低直接導致製造業的產銷行為趨於萎縮狀態。

3.經營層面：更少的社會階層或群體能認識到職業棒球運動的多元性價值與意義，職棒與社會的互動性降低，對於經營管理的創新、人才招募以及籌募社會資源也帶來影響。

經過這樣的思想實驗，每個人也能試著用這樣的思考邏輯，檢視自己目前所服務的產業或者學習環境，是不是也有很適合運用開放式經營的狀態，在當前強調協作、共好的企業發展主旋律下，即使是個人，若擁有開放性經營的思維，也能很好的創造出自己想像不到的新價值。

參考書目：

1.奧利佛・葛思曼、凱洛琳・弗朗根柏格、蜜可萊・塞克(2017)。《航向成功企業的55種商業模式：是什麼？為什麼？誰在用？何時用？如何用？》。台北市：橡實出版。

2.臺灣大學(2010)。基石（關鍵）物種－上｜科學Online。https://highscope.ch.ntu.edu.tw/wordpress/?p=7845

5-3 每一天都是最後一天

「球員出身的秘書長」這頭銜帶來的壓力確實是有的，更何況秘書長這選項從不在我人生規劃中。二〇二二年我終於結束待在兄弟象十四年的日子。記得在當教練時就有體認到要把每個位置都當成最後一天的來臨面對。從球員在場上所培養的信念，因為今天的比賽沒有贏就沒有下一場的機會，從小就是面對這樣的比賽時所養成的態度。

要成為一位國手，從小就要經歷國家隊的大名單培訓隊篩選的內部競爭，不斷地有人離開，最終正選名單的選手留下來拿到進國家隊門票。在棒球環境下洗禮之後，我也培養出獨立個性，但不是每一個運動員都有學習到這樣的精神，中途放棄的運動員很多，要能成為一位頂尖的運動選手，我相信這樣的態度都只是基本配備。記得我從小在場上沒有過過一整天都很安逸的日子，除非你是玩票性質，那棒球自然就比較好玩一點。以職業運動員目標當然更加辛苦，只能往前走、沒有退路，只有不斷地往前走去創造機會，因為場上沒有成績就隨時被取代，這是運動員的宿命，決定要走這條路就是不能後悔，所以在球隊每一天都當最後一天的態度去面對才不會有遺憾。看到許多學生球隊球員遇到問題就逃避，跑到同溫層去抱怨問題，沒有選擇正視自己的問題，而是選擇放棄繼續往前走這條路。我在沒有背景條件下，努力堅持在棒球道路上就是我人生自我實踐的價值。從一九九九年漏接，到我個人有機會打職棒，進入職業棒球時就告訴自己每一天都要當成最後一天去努力，不要眷戀當下的位置，要努力學習才能有機會去挑戰更高更難的舞台。

很感謝吳志揚會長在二〇一七年 3 月 20 日給我機會來挑戰不同的舞台，相信看笑話的應該比肯定的多吧。當時吳志揚會長問我有沒有意願來當CPBL的秘書長呢？當時任期只剩下不到一年看我有沒有意願？我立刻告訴吳會長「即使剩下三個月我還是會去」，只要能為中華職棒的發展盡自己的一份力量，就值得我這樣去做。我過去都是受到中華職棒舞台照顧，才能有好的生活和精彩的人生，於是我就答應了吳志揚會長接下秘書長的職務。但答應了也要等程序走完才能公布，而我有大約一週時間準備好自己去面對所有的挑戰。進入中職當下有很多事想做時，一定會遭遇許多困難，就用最後一天上班的態度去做，主動積極了解計畫評估，「**因為不做，就不會有人做**」是我的態度。另外我在球員生涯中所培養的信念就是不主動學習就等著被取代，不積極去培養主動性去面對問題，就不會有更好的機會在你自己身上。我在教練生涯中都會被有心人士在背後說「外務太多、無法全心投入訓練」，這樣的話語我常聽到，我從不解釋。畢竟我常覺得做事的時間都不夠了，沒有時間去解釋流言。因為只有做不成事的人，才會有時間去說別人長短是非，要知道自己的方向才能不被受影響。當我接秘書長時我把八個月的每一天都當最後一天在做，在聯盟原有工作內容持續狀況下，而我再增加了幾個活動，同時舉辦不同以往的明星賽內容。提升冬盟比賽的強度、增加投手營、打擊營、還有與日本職棒復辦了亞冠賽，這些都是在這八個月內來處理的重點。

另外當時要協助吳志揚會長連任下一任的會長，最好的說帖就是政績，所以不斷創造話題讓球團們有感。剛開始的每天就是從學習內部事務開始，帶著同仁來討論，才能不斷突破解決問題，就可以看到大家努力之下所創造的成果。我一直告訴自己與其被動等機會，不如主動去創造機會。當八個月結束後，謝謝球團再給吳會長一次三年的機會順利連任會長，也讓我有機會繼續走下去。事後想想，如果一開始認為八個月時間太短就用保守想法去做事的話，我相信就不會有後面連任的機會。既然連任了就更要全力以赴去做好每一件事情。當秘書長三年八個月的過程很辛苦，有時也會有想放棄的念頭，只有轉念去面對，才能不斷面對挑戰，勇敢往前走下去。

二〇二〇年一整年真的是與時間賽跑，看到疫情擴散沒有終點的時候，要讓職棒開打，真的更加辛苦，一方面要溝通協調，另一方面要用最好的方式讓球團接受又能符合法令，真的是很燒腦身心俱疲。當時就是不斷地照指揮中心指引滾動式變化，更要注意團隊不能有確診影響整個職棒環境，因為每一位同仁都怕確診會成為被攻擊的對象，身體那一種無形壓力就非常大。記得在一個協調會議中被提到如果開打後有球員確診，聯盟怎麼負責呢？針對這問題，首先我提出聯盟會在開打一週內將確診流程、進退場動線規劃出來，後續形成防疫破口而來的社會壓力誰負責？「我是秘書長當然要負責，出問題我就下台」，之後長官就沒有繼續追問下去，這個可能就是他要的答案吧。

我相信努力去做好，就會有好的結果。當時真的開打後得到許多肯定，相對的前置作業要有很堅定要做好防疫工作信念。

二〇二〇年是我任內的最後一個球季又遇到疫情，每天當作最後一天去做，就不要去想後面的會如何，相信團隊、相信專業。當沒有遇到的事件發生，就要不斷地面對，要有不害怕失敗的精神，不要害怕沒有位置，就不會綁手綁腳思考。

二〇二〇年因為沒有想後面會如何，只想「別人不做我們來做就會有好的成果」，就跟30週年特展時一樣，遇到問題就大膽面對去解決，就跟棒球場棒球比賽一樣，沒有退路的比賽就是全力以赴，去面對當下的比賽。帶著團隊的領導者就是要有承擔，該負起責任就會有很好的結果會發生。最後撐住過程，難關就會感受到自我堅定的意志而破關。

◆教授專欄—何信弘◆

開放式經營 (open business) 2

動態、互補、共創價值、開放的觀念與各方合作

中華職棒邁入30週年的里程碑，籌辦中華職棒有史以來首次結合文創，且是收費的展覽，展覽創下的紀錄，籌辦過程採行的工作模式，映照到管理學的經營模式中，那就是種開放式經營的形式。

開放式經營在商業經營模式中，主要呈現為不同商業模式經營的各家公司之間，為了追求獲利共同組織團隊解決問題的生態系統，這個系統是圍繞著中新企業的產品，在這個生態系統中，大家都是動態且充滿互補的關係而非競爭的關係。

曾獲得全球卓越創新學者獎的管理學大師奧利佛・加斯曼（Oliver Gassmann）給予這樣的經營模式一個很精準且具象的定義：齊心協力、創造價值，企業能透過這樣的經營思維轉換，將原來僅限於內部的想法、設計

或者可能的創新對外展示、開放，促成了知識的對流（convection），透過適當的管道或指刻意的架構設計，眾人形成了一個活躍的網絡，共同探索跟發想這份價值的可能性。

老邦接觸棒球運動以來，一直都是受到他人的幫助跟提攜而從跌跌撞撞到穩步前行的，更因為身為早產兒，在進入職棒後投身早產兒公益活動時，為早產兒們籌募有形（例如善款與物資）、無形（群眾更多關注）的資源，於是很清楚它的價值跟迫切性，更相信眾人的智慧。此外，棒球運動重視團體合作、溝通，來共同達成目標的運動文化，更雕塑了他主動信賴每個同儕與夥伴的工作慣性。

棒球讓老邦走出一個人的世界、棒球讓老邦走進團體協作的文化，棒球也形塑了團隊能共創更高價值、開放能淬鍊前所未有的創見。

從兵荒馬亂到應用開放式經營的觀念完成許多在秘書長任期中的挑戰與任務，尤其是面對全世界第一次的 COVID-19 疫情挑戰，更讓人確信越不可知、不確定的狀態下，採行開放的觀念與各方合作，仍是最好的決策方式。

開放式經營目前也衝擊著所謂「傳統」的經營概念，事實是，遠在疫情來臨前，職業運動就已經越來越多採行開放性經營的思維，小至球員個人社群形象與品牌價值的經營，大至球團、球隊圖像、影像的使用與授權，西班牙的埃瓦爾足球俱樂部（SD Eibar）甚至在經濟學博士球迷 Aranzabl 的倡議下，組織起「保護埃瓦爾」運動（Defiende al Eibar,Defend Eibar），這樣一來，真正熱愛球隊的球迷能透過網路購買的方式，用以每股50歐元的價格成為球隊的股東（每個球迷的上限是10萬歐元），後來的故事很曲折，但確實募到了足夠的經費，不僅救了球隊，也讓球隊進軍西班牙的甲級聯賽，驚人的是，他們有一萬名真正掏出現金購買股權的球迷，台灣的球迷也在其中。

同樣的例子在英國還有艾貝斯費特足球俱樂部（Ebbsfleet United Football Club），球迷每人只需用兩千多元的新台幣入股就能成為球隊的股東之一。其實，更讓人驚訝的應該是，世界上越來越多這樣的球隊，例如足球的 NashvilleFC 或者更早之前出現過的 ＮＦＬ 的綠灣包裝工隊 (Green Bay Packers)。

台灣的職業運動發展日益蓬勃，雖然普遍認為職業運動在台灣的經營門檻相當高，也充滿挑戰，但只要球隊抱持著開放式經營的思維，出現這樣的職業運動隊伍，或者類似的經營模式，對於每個人都是更緊密接近運動的好發展。

參考書目：

1. 奧利佛・葛思曼、凱洛琳・弗朗根柏格、蜜可萊・塞克 (2017)。《航向成功企業的55種商業模式：是什麼？為什麼？誰在用？何時用？如何用？》。台北市：橡實出版。

2. Aranzabal, A. (2015). Otro fútbol es posible: El modelo Eibar.

5-4

做最好的，自己

從小穿著鐵鞋才能走路的小朋友，可以想像自己長大之後可以成為一位職棒球星嗎？回想起來小時候就是很單純的想法，就希望能跟媽媽住的動機才接觸打棒球，但從來沒有想過自己在棒球場上能有機會當選國手，又能在職棒環境裡經歷了二十一年的時光，這是棒球豐富了我的人生，在演講時我常講「**沒有不可能，只有無限的可能**」，這是我面對困難抉擇時自我對話的重要一句話，才能撐到現在。記得我在國小畢業時，先發球員都被指定為公費去屏東縣美和中學，只有被落下的我，讓媽媽拜託鍾教練可否讓我自費跟著他們一起去美和中學就讀。當時看到媽媽的用心，我就開始啟動自我獨立開關，當時去美和中學就告訴自己「**未來是我選擇環境，不是環境選擇我**」，這話無時無刻提醒著我自己到現在，隨著生命的經驗值愈豐富時，看到的人、事、物，隨著經驗值提升人生的厚度，從挫折恢復的時間來看就知道自己是否成長。反而不會把事情變得複雜化。這兩個人生階段給了我很大的力量，一直提醒著我，不斷地創造自我價值才可以選擇環境，**提升自己成為不**

被取代性的人，也唯有不斷地主動學習，才能提升自我競爭力。從球員生涯來看就是不斷地在金字塔式的舞台不被淘汰，才有機會留在這個舞台，也才能真正成為一個職業球員。這一路篩選過程不知道淘汰多少位同期選手，相對的職業球員的舞台則更現實、更殘酷，現在職棒選手平均職業生涯不到四年，真的很辛苦。

我算是幸運，棒球讓我學習到許多生命的價值，從一個沒有背景到能被球迷肯定，現在遇到我會說「**你是老邦、二代象球員**」，這一句是很簡單的問候，但在我內心卻是很美的一句話。當我們從任何的工作中有發揮的舞台機會，就像職業運動舞台一樣要精準專業，才能被看見，才能保有競爭力，才會有機會去選擇環境。我從小在台灣棒球制度下長大，都以術科為導向，在課堂上的學習就相對比較少，從進學校穿著球衣就被分類，就是「你是棒球隊的隊員」，記得在教室老師都會說不要影響到其他學生就可以，就跟現在的體育班一樣，以術科為導向，減少課堂學習。其實當下老師的善意是不勉強小球員，不用太辛苦專注在課堂上的學習。我以過來人的經驗回過頭來看，這決定對小孩子時期當下是很開心，可是離開棒球舞台之後呢？他們相對的失去社會的競爭力，而課堂上學習不必科科考上一百分，只要努力專注學習，就能有基本分數，同時也可藉由了解自己不足的地方，進而培養自我能力學習的動機。我就是在課堂上學習浪費十五年以上，現在才慢慢體會到用術科學習態度轉移到學科的學習是可以並行，我想老師們多了解一下，只要給球員一些參與學習的機會，雙向的互動產生興趣，有成就感了、有興趣了，課堂上的學習就會更努力。在現實的社會上，大家對運動員多是「四肢發達頭腦簡單」的刻板印象，我相信要改變除了運動員需要被教育球場以外的學習，還要主動學習才能夠選擇環境，擁有競爭力才能改觀刻板印象。運動員要去審視自己跟團隊，運動就是這樣現實，當你是有戰力能幫助球隊拿下勝利，都會安排在先發陣容。在企業也是一樣，如果你在企業團隊中是無法取代的戰力，就是會被尊重。自己成為先發球員，就是自律性要非常高，才能有機會成為傳奇球星。從運動的面向看到許多團隊合作的影響力真的很有感覺，讓我從成長背景中不畫地自限，去挑戰自己不熟悉的人、事、物，我才有機會了解自己的韌性。

我進入中職是被罵進來，可以逆轉自己人生樂章，成為一個球員出身的秘書長，帶領聯盟同仁，開創出重新被看見的台灣職棒，打破以往球迷對中職的刻板印象，球迷間以前聽到有人在看中職的第一句話「過去有打過假球，我們比較少進去球場看球」現在也都很少聽到了。現在球團用心經營讓台灣的職棒邁向更好的階段，值得更多的球迷進場為球團加油。

我努力考上博士班就是想補回那十五年課堂上的學習，讓自己人生中能有故事，終於二〇二〇年拿到博士學位。我進入博士班就讀時，就經常思考如何整合「運動科學」與「早產兒」之相關研究。因此，在我與張育愷教授（現國立臺灣師範大學體育與運動科學研究講座教授）及我的博士班同學陳豐慈教授（現中國醫藥大學運動醫學系助理教授）三方討論之下，我們共同擬訂可能研究方向，並於二〇一六年２月25日至馬偕醫院與早產兒基金會（陳治平董事長、張瑞幸醫生、賴惠珍執行長）談及合作事宜，且達成共三年之產學合作案。該合作案經多年努力完成之下，於二〇二三年６月１日終開啟收穫之果實，以「急性健身運動對早產兒執行功能之影響：隨機及交叉設計研究 (Effects of acute moderate-intensity exercise on executive function in children with preterm birth: A randomized crossover study)」發表至早期人類發展（Early Human Development）期刊，並成功證明健身運動介入對早產兒執行功能有其正面影響。這成果目前是國際上少數針對此議題之研究證據，並且由台灣自身團隊所獨自完成，不僅有其研究之高價值性，且讓全世界看到台灣研究團隊有此能力之亮點。

拿到博士學位只是一個階段的結束，當然另外一個階段的開始，就是社會上各種的學習，只要有機會我就去學習，從離開秘書長位子之後，到桃園市體育發展基金會，讓我更有一個信念要不斷地探索社會企業人才所需要具備什麼樣的條件，才能讓運動員有機會轉職到企業？運動員具備了條件就有機會轉職到企業，尤其運動員需要被看見、需要被肯定。於是我努力去探索社會的需要，就如同考大客車的駕照、動力小船的駕照、漁船船員證等

等……一些對運動員可以直接進入企業的門檻，使更多工作機會可以順利讓企業找到人才，運動員需要轉換跑道，就可以接受媒合平台，了解運動員價值能延續。

「**如果只願意做輕鬆的，人生就會困難重重；但如果你願意做困難的，那麼人生就會變得更輕鬆。**」這段話出自於《有錢人的想法和你不一樣》這本書，給我感觸很深，我現在就是把自己做好讓大家看見運動員，因為我可以，相信大家一定都可以做得比我更好。

終身學習才能讓我未來人生中有很好的方向，能成為被利用的價值，希望我能成為周邊朋友的助手，大家為共好、共用、共榮一起努力。

◆教授專欄—馮勝賢◆

TMDS 原則

最後我想分享的是我從好友謝文憲（憲哥）身上學習到TMDS原則，或者說，更幫助我重新梳理自己的人生管理學，我認為我也一直是這樣對待自己的事業以及身邊的人，它的原則簡單易懂，實用且充分貼近職場。

1. 你的事，就是我的事（Team Work and Trust）：從觀察中找出對團隊來說很重要但可能其他夥伴認為困難，但對自己能輕鬆勝任的。例如我們在籌辦早產兒公益活動時，可能對夥伴來說去籌募場地與贊助沒有經驗或者想法，但對我來說我有一顆強心臟、無比的熱情（臉皮）以及相對豐富的經驗，我就會挺身而出接下這部分的工作。

2. 運用並管理資源（Manage Resources）：我會固定一個時間，把我自己的資源，包含時間、人力、行程都進行盤點與整理，依照我目前的發展階段跟目標，讓合作的團隊與夥伴盡可能也知道這些資訊，並告知他們我也能是他們的資源，深化大家的資源基礎與厚度。

3. 讓夥伴參與決策（Decision Making）：我必須先說明，我對這套系統的了解，要進入到開放式決策，前提是已經達到良好的資源管理，因為只有在資訊、權力相對平等的狀態下，開放出來執行的決策，才有可能達到正確的決策方向並且擁有好的決策品質，而且開放決策團隊中的夥伴，若要分享更高位者的決策權，建議對外時給予他更適當的頭銜或者職銜能增加推展的順暢性。

4. 分擔責任與共享領導（Share Responsibility and Leadership）：關鍵就是共享，共享並不是分享，我非常建議在開放式經營與組織運作時，最好有一個以上跟自己權力、職務位階相同的共同領導者，因為重大決定很仰賴互相檢視可能的盲點，每個人都無法全知，但有時我們會受限於自己的位階或權限，即使擁有另一個層面的訊息，即使在一個開放性的討論群組，也不敢輕易提出，團隊裡有兩個或以上的共同領導，也共同擔負責任，將能有效降低這樣的影響。

參考書目：謝文憲（2020）。《如何創造全世界最好的工作》。台北市：商周出版。

國家圖書館出版品預行編目資料

看準就撲：馮勝賢的無畏人生管理教練學——從鐵鞋早產兒到中職新人王，從二軍總教練到 CPBL 秘書長，讓世界看見台灣的永不放棄之路 / 馮勝賢著
一初版一台北市：春光出版；家庭傳媒城邦分公司發行；2023.7
台北市：春光出版；家庭傳媒城邦分公司發行；
面：公分．-（心理勵志：143）
ISBN 978-626-7282-21-2（平裝）

1.CST: 馮勝賢 2.CST: 職業棒球 3.CST: 傳記

783.3886　　112008403

心理勵志 143

看準就撲：馮勝賢的無畏人生管理教練學
——從鐵鞋早產兒到中職新人王，從二軍總教練到 CPBL 秘書長，
讓世界看見台灣的永不放棄之路

作　　者／馮勝賢
教授專欄協助／方信淵、何信弘
企畫選書人／張世國
責 任 編 輯／張世國

發　行　人／何飛鵬
總　編　輯／王雪莉
行 銷業務經理／李振東
行 銷 企 劃／陳姿億
資深版權專員／許儀盈
版權行政暨數位業務專員／陳玉鈴
法 律 顧 問／元禾法律事務所　王子文律師

出版／春光出版
台北市 104 民生東路二段 141 號 8 樓
電話：(02)2500-7008
傳真：(02)2502-7676
網址：www.ffoundation.com.tw
email：ffoundation@cite.com.tw

發行／英屬蓋曼群島商
家庭傳媒股份有限公司城邦分公司
台北市民生東路二段 141 號 11 樓
書虫客服服務專線
02-25007718・02-25007719
24 小時傳真服務
02-25170999・02-25001991
服務時間
週一至週五 09:30-12:00・13:30-17:00
郵撥帳號：19863813
戶名：書虫股份有限公司
讀者服務信箱 E-mail
service@readingclub.com.tw
歡迎光臨城邦讀書花園
網址：www.cite.com.tw

城邦讀書花園
www.cite.com.tw

香港發行所／城邦（香港）出版集團有限公司
香港灣仔駱克道 193 號 1 東
東超商業中心 1 樓
電話：(852)25086231
傳真：(852)25789337

馬新發行所／城邦（馬新）出版集團
【Cite(M)Sdn. Bhd.(458372U)】
11, Jalan 30D/146, Desa Tasik,
Sungai Besi, 57000 Kuala Lumpur,Malaysia.
電話：(603)90563833
傳真：(603)90576622

封面版型設計／ Snow Vega
排　版／ UA、Snow Vega
印　刷／高典印刷有限公司
■ 2023 年 6 月 27 日初版一刷
■ 2024 年 3 月 12 日初版 4.1 刷

Printed in Taiwan.

售　價 ／ 420 元

ISBN 978-626-7282-21-2

書中照片來源
馮勝賢、CPBL 中華職棒大聯盟提供

廣 告 回 函
北區郵政管理登記證
臺北廣字第000791號
郵資已付，免貼郵票

104臺北市民生東路二段141號11樓

英屬蓋曼群島商家庭傳媒股份有限公司

城邦分公司

請沿虛線對折，謝謝！

愛情・生活・心靈

閱讀春光，生命從此神采飛揚

春光出版

書號：OK0143　　書名：看準就撲：馮勝賢的無畏人生管理教練學

請於此處用膠水黏貼

讀者回函卡

謝謝您購買我們出版的書籍！請費心填寫此回函卡，我們將不定期寄上城邦集團最新的出版訊息。亦可掃描 QR CODE，填寫電子版回函卡。

姓名：______________________

性別：☐男　☐女

生日：西元__________年__________月__________日

地址：______________________

聯絡電話：______________　傳真：______________

E-mail：______________________

職業：☐ 1. 學生 ☐ 2. 軍公教 ☐ 3. 服務 ☐ 4. 金融 ☐ 5. 製造 ☐ 6. 資訊

☐ 7. 傳播 ☐ 8. 自由業 ☐ 9. 農漁牧 ☐ 10. 家管 ☐ 11. 退休

☐ 12. 其他 ______________________

您從何種方式得知本書消息？

☐ 1. 書店 ☐ 2. 網路 ☐ 3. 報紙 ☐ 4. 雜誌 ☐ 5. 廣播 ☐ 6. 電視

☐ 7. 親友推薦 ☐ 8. 其他 ______________________

您通常以何種方式購書？

☐ 1. 書店 ☐ 2. 網路 ☐ 3. 傳真訂購 ☐ 4. 郵局劃撥 ☐ 5. 其他 ______

您喜歡閱讀哪些類別的書籍？

☐ 1. 財經商業 ☐ 2. 自然科學 ☐ 3. 歷史 ☐ 4. 法律 ☐ 5. 文學

☐ 6. 休閒旅遊 ☐ 7. 小說 ☐ 8. 人物傳記 ☐ 9. 生活、勵志

☐ 10. 其他 ______________________

請於此處用膠水黏貼